하이난
HAINAN

싼야베이
대동해
야롱베이
하이탕베이

이은영 지음

알에이치코리아

작가 소개

이은영

2002년 상하이와 베이징에서 어학연수를 하면서 중국과 인연을 맺었다. 이후 중국 50여 개 도시를 여행하며 중국의 문화와 풍습, 언어에 푹 빠졌지만, 그중에서도 휴양의 섬 '하이난'에 매료되어 책까지 쓰게 되었다. 언제든 시간적, 심리적 여유가 생기면 항공권을 끊어서 훌쩍 떠나고야 마는 천상 여행자이자 소시민. 온라인에서 '새벽별'이라는 필명으로 활동 중이며, 다양한 매체를 통해 여행기를 기고하고 있다.

블로그　http://blog.naver.com/foreverck　　이메일　foreverck@naver.com

Prologue

중국어에 능숙하지 않던 유학 시절, 실크로드를 혼자 여행한 적이 있다. 그때 실크로드 횡단보다 심적으로 더욱 멀게 느껴지던 여행지가 바로 하이난이었다. 중국의 남쪽 끝 섬, 하이난은 지금도 중국이 아닌, 다른 세상처럼 느껴진다. 중국 문화를 품고 있으면서도 대륙과는 또 다른 '섬'이라는 특성이 결합되어 하이난만의 색깔을 만들어낸다.

사실 중국은 여러모로 홀로 자유 여행하기에 부담스러운 곳이다. 하지만 하이난에서만큼은 여유 있는 미소가 번진다. 연중 온화한 날씨만큼이나 하이난 사람들은 밝고 인정이 많다. 천혜의 자연환경과 소수민족의 독특한 문화, 그리고 고급 리조트를 합리적인 가격에 즐길 수 있다는 여러 장점이 휴양지로서 만족스럽다. 앞으로도 베트남, 홍콩, 싱가포르 등지로 크루즈가 운항되고, 고속철도가 대륙에서부터 싼야봉황국제공항까지 연결되는 등 오늘보다 내일이 기대되는 도시다.

최근 하이난이 우리에게 더욱 가깝게 느껴지는 것은 부쩍 늘어난 직항편 때문이다. 가는 길이 편안해졌으니 이미 알려진 여행지에서 탈피해 조금은 색다른 분위기를 누려보기에 좋은 기회이다. 이런 여행 수요에 맞추어 가이드북 작업을 하게 되었는데, 시중에 내놓는 첫 하이난 가이드북이니만큼 여러모로 어려움이 많았다. 모든 정보는 직접 가보거나 현지 사이트를 검색해 꼼꼼하게 채워 넣었다. 이런 수고로움이 하이난 여행을 준비하는 이들에게 조금이나마 도움이 된다면 더 바랄 게 없겠다. 하이난은 중국 대륙만큼이나 큰 섬이기에 끊임없는 관심을 가지고 지역을 넓혀가며 보완해나가고 싶다.

※ 이 책에 사용된 대부분의 사진들은 올림푸스 카메라 M1 Mark II, M5 Mark II와 12-40pro, 40-150pro 렌즈로 촬영한 것입니다.

Special Thanks To

책 만드는 과정 내내 꼼꼼히 확인하고 격려해준 최혜진 에디터에게 진심 어린 고마움을 전합니다. 중국 여행에 대한 조언을 아끼지 않은 중국여행동호회 운영자 정규호 님, 좋은 사진 찍을 수 있게 장비를 대여해준 올림푸스 코리아 관계자분들, 선뜻 필요한 사진을 제공해준 이철성 감독님, 엄태헌 작가님, 취재에 동참해 한낮의 무더위에도 불평 없이 도와주고 지지해준 가족들, 마지막으로 책이 나오기까지 응원해주신 모든 분들께 감사의 인사를 전합니다.

이 책에 실린 정보는 2020년 1월까지 수집한 정보를 바탕으로 합니다. 정확한 정보를 싣기 위해 노력했지만, 현지 물가와 여행 정보는 끊임없이 변하기 때문에 변동 사항이 있을 수 있습니다. 도서를 이용하면서 불편한 점이나 틀린 정보에 대한 의견은 아래 메일로 제보 부탁드립니다.

- 알에이치코리아 편집부 hjchoi@rhk.co.kr
- 이은영 작가 foreverck@naver.com

명칭 표기

본문에 소개한 명소와 지명은 여행자들에게 주로 통용되는 가장 대표적인 명칭을 기본으로 했습니다. 더불어 현지에서 쓰는 한자와 중국어 발음을 병기해 하이난 현지 여행에 최대한 불편함이 없도록 했습니다.

화폐 표기

하이난에서 통용되는 중국 화폐인 '元(위안)'으로 표기했습니다. 책에 표기한 요금 정보는 현지 사정이나 물가 사정에 따라 변동될 수 있으므로 참고용으로 삼으시길 바랍니다.

숙소 요금

숙소의 경우 성·비수기나 요일에 따라 표기된 금액과 다소 다를 수 있습니다. 참고로 하이난에서는 춘절(구정), 국경절(10월)이 최대 성수기로, 준성수기와 비수기에 비해 숙소 요금이 크게 차이 납니다.

지도 읽기

해당 도시의 앞부분에 지도를 배치하고, 스폿과 지도 페이지를 연동하여 쉽고 빠르게 위치를 파악할 수 있습니다. 이 책의 지도에 사용하는 기호는 아래 항목을 나타냅니다.

- 볼거리
- 레스토랑
- 마사지·스파
- 기차
- 버스정류장
- 쇼핑
- 나이트라이프
- 호텔·리조트
- 공항
- 랜드마크·기점

파트 구성

Hello! Hainan
하이난 매력 탐구

하이난 쇼핑 필수템, 하이난 인기 맛집, 하이난 인기 리조트 비교 분석, 여행 가기 전에 알아두면 쓸모 있는 상식, 하이난 베스트 여행 코스 등 하이난을 한눈에 파악할 수 있도록 합니다.

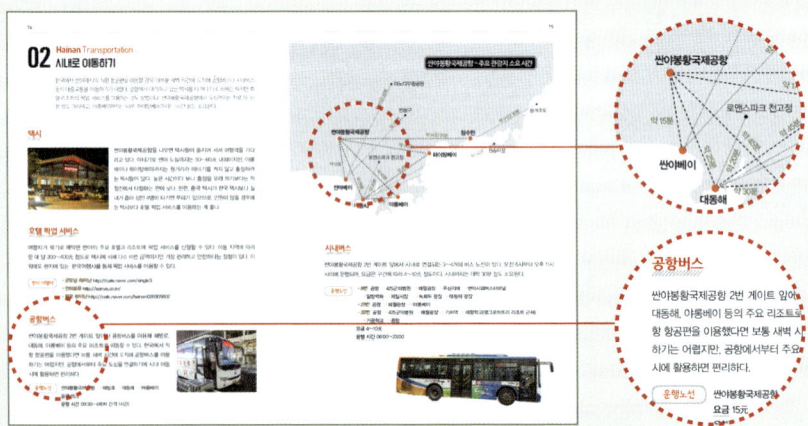

Hainan Transportation
하이난 교통

하이난 들어오고 나오기, 시내로 이동하기, 시내교통, 도시 간 이동하기, 일일투어·택시투어 등 현지 사정을 반영한 세심한 교통 정보로 헤매지 않고 다닐 수 있게 도와줍니다.

Hainan Guide
하이난 가이드

여행자들이 가장 많이 가는 지역을 기준으로 싼야 중심, 싼야 외곽, 하이커우로 파트를 분류해 볼거리, 쇼핑, 맛집, 숙소 정보를 꼼꼼히 소개합니다.

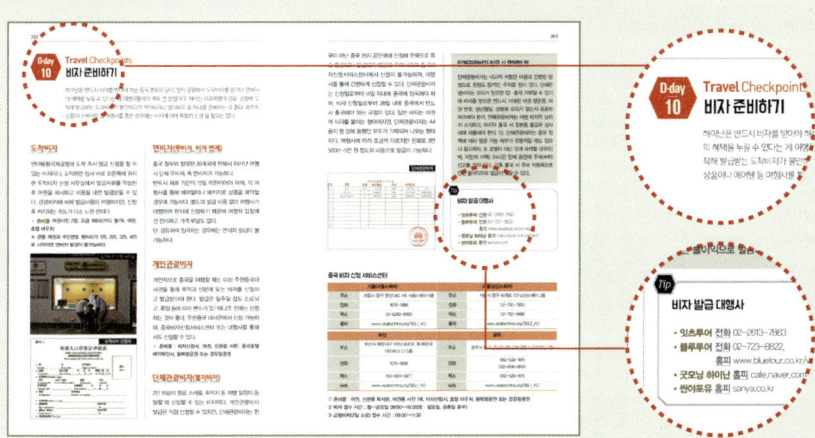

Travel Checkpoints
하이난 여행 준비

항공권·호텔·투어 예약하기부터 여권·비자 준비하기, 환전하기, 짐 꾸리기까지 여행 준비 항목을 D-day로 정리해 차근차근 준비할 수 있도록 했습니다.

CONTENTS

작가 소개 02
일러두기 03

Hello! Hainan
하이난 매력 탐구

Hainan Transportation
하이난 교통

하이난 한눈에 보기 16
알아두면 쓸모 있는 하이난 상식 20
하이난이 '뜨는' 이유 22
하이난 인기 리조트 비교 분석 28
꼭 맛봐야 할 하이난 별미 34
열대과일 천국, 하이난 38
취해도 좋아! 하이난 대표 술 40
이건 꼭 사야 해! 하이난 쇼핑 필수템 42
하이난 볼거리 베스트 10 44
하이난을 100배 즐기는 레포츠 & 온천 50
흥겨운 전통, 하이난 축제 56
하이난 여행 버킷리스트 58
하이난 베스트 여행 코스 62

하이난 들어가고 나오기 68
시내로 이동하기 74
시내교통 76
일일투어·택시투어 78
도시 간 이동하기 79

Hainan Guide
하이난 가이드

하이난 전도 **82**

쌘야 중심 **84**

SIGHTSEEING / SHOPPING / RESTAURANTS
NIGHTLIFE / SPA / STAYING

- **SPECIAL** 쌘야베이 일몰·야경 포인트 3 **99**
- **SPECIAL** 황홀한 야경 감상하는 쌘야베이 유람선 **107**
- **SPECIAL** 제일야시장의 명물 거리 **111**

쌘야 외곽 **144**

SIGHTSEEING / SHOPPING
RESTAURANTS / STAYING

하이커우 **178**

SIGHTSEEING / SHOPPING
RESTAURANTS / STAYING

Travel Checkpoints
하이난 여행 준비

여행 계획 세우기 **196**

여권 만들기 **197**

항공권 예약하기 **198**

호텔·투어 예약하기 **200**

여행 정보 수집하기 **201**

비자 준비하기 **202**

면세점 쇼핑하기 **204**

유용한 앱 다운받기 **205**

환전하기 **206**

짐 꾸리기 **207**

출국하기 **208**

하이난에서 통하는
중국어 여행 회화 **210**

INDEX **212**

Hello!
Hainan

하이난 매력 탐구

01 Hello! Hainan
하이난 한눈에 보기

하이난은 제주도의 19배, 타이완보다 약간 작은 섬으로 중국 대륙의 스케일만큼이나 큰 지역이다. 여행 플랜을 위해서는 지역적 이해가 꼭 필요하다.

동양의 하와이, 싼야 三亞

하이난의 유명 리조트와 관광지 대부분은 남부인 싼야 일대에 밀집해 있다. 이곳에서 3개의 강이 합류하여 바다로 흘러간다고 해서 '싼야(三亞)'라고 부른다. 인천에서 싼야봉황국제공항까지 직항이 있어 한국 여행자들이 가장 많이 찾는 지역이다. 싼야베이, 대동해, 야롱베이, 하이탕베이 등이 유명한 해변으로 고급 리조트들이 해안을 따라 집중적으로 몰려 있어 '동양의 하와이'라 불린다.

하이난의 지붕, 오지산 五指山

하이난 하면 푸른 바다와 백사장이 먼저 떠오르지만 가볼 만한 산들도 많다. 그중에서 대표적인 산이 '하이난의 지붕' 역할을 하는 오지산이다. 1867m의 오지산은 봉우리가 마치 다섯 손가락을 보는 듯하다고 해서 붙은 이름. 오지산 일대는 고산 지역으로 여름철 기온이 낮아 청량한 기운 속에 산속 트래킹을 할 수 있는 명소이다. 오지산 외에도 1412m의 첨봉령(尖峰岭), 1107m의 칠선령(七仙岭) 등이 등산 애호가들의 사랑을 받고 있다.

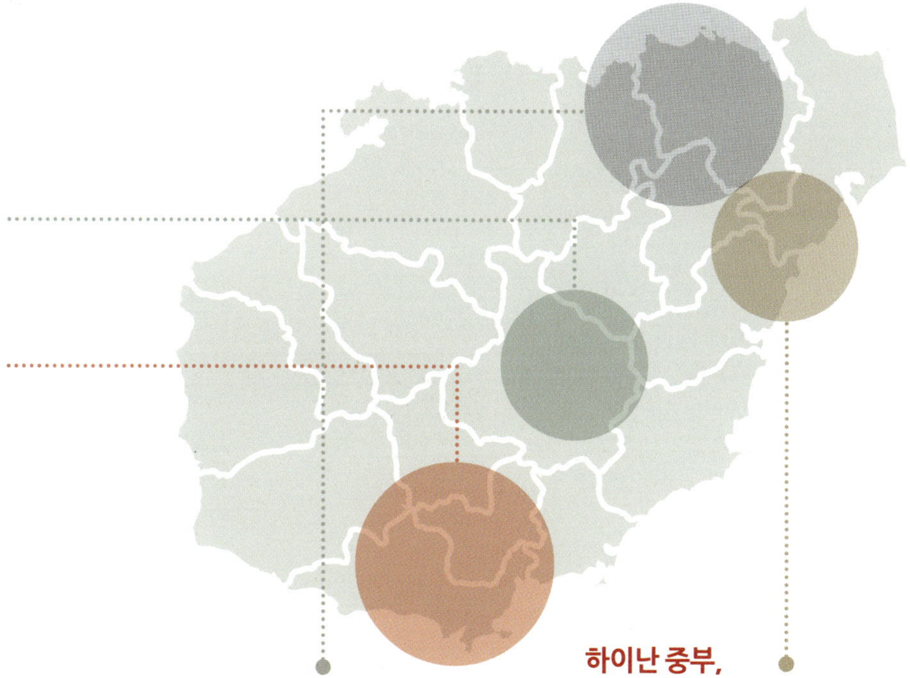

북부의 성도, 하이커우 海口

하이난의 북부 성도인 하이커우는 정치, 행정, 경제의 중심지로 골프, 쇼핑, 식도락, 관광을 즐기기 좋은 도시. 남부의 싼야에서 280km 떨어져 있으며 고속철도로 약 2시간, 버스로는 약 4시간 거리다. 하이커우는 옛 명소가 풍성하고, 최근 새로운 골프장과 리조트가 들어서면서 많은 여행자들이 찾고 있다. 성수기 시즌에는 인천에서 하이커우메이란국제공항까지 직항 전세기를 운항해 편리하다.

하이난 중부, 보아오, 치옹하이, 원창 博鰲, 琼海, 文昌

하이커우에서 차로 약 1시간 거리에 자리한 보아오관광지구는 아세안포럼을 위해 조성되었으며, 최고급 호텔과 골프장이 있는 곳으로 유명하다. 보아오의 고급 관광지와 더불어 해안선을 따라 이어진 치옹하이, 원창 지역은 하이난의 전원 풍경을 그대로 간직하고 있는 곳이다. 강과 바다가 만나는 이 지역은 농촌과 어촌 등의 향토 문화가 고스란히 살아 있어 하이난의 또 다른 면모를 볼 수 있다.

하이난 남부, 싼야 비치 한눈에 보기

하이난 남부의 싼야에는 가장 물빛이 맑고 아름다운, 그래서 여행자의 마음을 끄는 해변이 집중돼 있다. 싼야 시내에서 가장 가까운 싼야베이, 젊고 유쾌한 분위기의 대동해, 세계 2대 청정 지역으로 꼽히는 야롱베이, 조용하고 시크릿한 하이탕베이와 청수만까지 각각의 개성이 또렷한 해변이 이어진다.

❷ 대동해

대동해의 분위기는 유쾌하고 활기차다. 해변을 따라 야자수와 카페, 레스토랑이 어우러져 자유롭고 낭만적인 분위기. 유독 많은 러시아 미녀들이 해변을 활보해서 이국적인 느낌도 강하다. 사계절 봄처럼 따뜻한 수온을 유지하는 것으로도 유명한데, 겨울 대동해의 수온은 18~22℃ 정도이니 참고하자. 파도가 적당해 서핑을 즐기기에도 좋은 해변이다.

❶ 싼야베이

싼야 시내에서 가장 가까운, 22km의 긴 해안선을 가진 해변. 물빛이 환상적이지는 않지만 도심이 코앞이라 싼야 시민들의 일상을 들여다 볼 수 있는 푸근한 매력이 있다. 산책하는 강아지, 데이트하는 연인, 웨딩 사진을 찍는 예비 부부, 과일을 파는 노점상, 해수욕하는 관광객이 한데 어우러져 싼야의 일상적이고도 특별한 분위기를 만끽하는 해변이다.

❸ 야롱베이

'천하제일만(天下第一灣)'이라 칭하는 야롱베이는 초승달을 닮은 긴 백사장과 기다란 잎을 드리운 야자수, 밀가루처럼 보드라운 모래까지 하이난에서도 가장 아름다운 해변으로 손꼽힌다. 쿠바의 하바나와 함께 세계 2대 청정 지역으로 유명하며, 7.5km의 백사장 길이도 압도적이다. 또 잔잔한 해변을 따라 초특급 호텔과 리조트가 밀집해 있어 맑은 바다와 더불어 휴양을 즐기기에 부족함이 없다.

❺ 청수만

싼야의 동부 해안에 자리 잡은 청수만은 도심과 떨어져 조용한 휴식을 취하기에 안성맞춤인 해변. 원시 열대우림과 청정 바다가 어우러져 자연의 아름다움을 고스란히 간직하고 있다. 또한 중국 10대 명문 골프장 중 하나인 청수만 골프장이 가까이에 있으며, 최고급 리조트들이 곳곳에 들어서고 있어서 조용한 골프 휴양을 즐기기에도 더할 나위 없다. 아무에게도 방해받지 않는 휴식을 취하기에 좋은 해변이다.

❹ 하이탕베이

야룽베이보다 더 길고 넓은 해변을 자랑하는 하이탕베이는 남중국해를 마주하고 있다. 거대 자본에 의해 개발이 진행되고 있는 싼야의 흐름에 맞게 하이탕베이 또한 럭셔리 신생 리조트가 계속 들어서고 있으며, 덕분에 분위기가 고급스럽고 여유로우면서 도심에 비해서는 조용한 게 장점이다. 이곳에 자리한 리조트 대부분은 바다를 향한 객실을 설계해 하이탕베이를 전용 비치로 삼고 있다. 파도가 다소 강해 해수욕을 하기엔 적합하지 않지만, 시크릿 해변을 온전히 내 것처럼 누비며 산책하기에 좋다.

Hello! Hainan
알아두면 쓸모 있는 하이난 상식

하이난 여행을 검색하다가 한 번쯤 가져봤을 법한 의문들. 잘 정리된 하이난 상식이 있다면 더 이상 헤매지 않아도 좋다!

비자 부담 없는 하이난

중국 여행 시 가장 번거로운 절차가 바로 비자 발급. 비용과 시간 모두 여행자에겐 부담이었다. 그런데 중국 내 최대 휴양지인 하이난은 비교적 편리한 비자 제도를 운영하고 있다. 한국을 포함한 59개 나라에 한하여 '비자 면제(면비자)' 제도를 실시해 여행사를 통한 패키지나 에어텔을 이용할 경우 따로 비자를 받을 필요가 없다. 별도의 비용 없이 해당 여행사를 통해 비자 면제를 신청할 수 있으므로 비용과 시간을 아낄 수 있다. 단, 자유여행 시에는 현지 공항에 도착해 '도착비자'를 신청해야 한다.

하이난 날씨와 여행 성수기

하이난은 연중 300일 이상 맑은 날이 지속되는 이른바 '신이 내린 날씨'의 섬! 워낙 넓은 터라 북부와 남부의 기후가 다른데, 분계주도를 중심으로 북부의 하이커우는 아열대 기후이고, 남부의 싼야는 열대 기후이다. 그중 대부분의 관광객이 머무는 싼야 해안은 연중 더운 날씨를 유지한다. 5~10월은 35℃가 넘을 정도로 뜨겁지만, 그늘 아래 서면 선선한 남중국해의 바람이 느껴진다. 특히 7~8월에는 스콜성 비가 종종 내려 고온다습하고, 우리의 겨울에 해당하는 12~2월에는 평균 20℃ 이상으로 1월에도 15℃ 아래로 내려가는 일이 드물다. 이중 우리나라의 구정 연휴와 같은 중국의 춘절은 하이난 여행의 최대 성수기. 이 시기는 관광하기에 좋은 날씨이지만, 해수욕을 하기에는 다소 선선하고 숙박비가 가장 비싸다. 하이난을 여행하기에 가장 좋은 시기를 꼽자면 중국 내 비수기인 3~5월이다. 날씨도 딱 좋고 숙박비도 저렴하다.

한국과 물가 비슷하지만 고급 리조트 저렴해요!

하이난은 중국 내에서도 고급 관광지에 속하는 편이라 물가가 한국과 비슷하거나 약간 더 비싼 수준. 하지만 고급 리조트의 하루 숙박비가 10~30만 원 선으로 확실히 저렴한 편이고, 생필품과 과일, 로컬푸드 등도 현지 마트와 야시장을 이용한다면 저렴하게 즐길 수 있다. 미니 파인애플이 3개 1500원, 굴구이 4개 1500원, 물 한 병이 500원 수준이다. 택시 기본 요금은 2000원부터 시작한다. 하이난 여행 시 가장 비싸다고 느껴지는 것은 관광지 입장료. 따라서 많은 관광지를 욕심내기보다 리조트에 머물며 휴양을 즐기는 것이 합리적인 하이난 여행의 비법이다.

제주도의 무려 19배 크기

중국의 가장 최남단 섬인 하이난은 무려 제주도의 19배 크기. 섬의 남쪽 끝부터 북쪽 끝까지 버스를 타고 가로지르면 약 4시간 정도 걸리는 꽤나 넓은 섬이다. 베트남, 필리핀 등과 동일 위도 상에 있어 동남아 열대 느낌이 물씬 풍기면서도 중국의 문화를 고스란히 품고 있다. 짧은 여행 일정으로 모두 둘러보기 힘드므로 대부분의 관광객이 싼야나 하이커우에 머문다.

혼자 여행하기 안전할까?

하이난은 중국 내에서도 치안이 좋기로 손꼽힌다. 중국 제일의 휴양 도시이다 보니 정부에서도 치안에 매우 신경 쓰고 있어 거리 곳곳에서 공안을 자주 만날 수 있다. 싼야 도심과 대동해 지역은 밤에 외출해도 무섭지 않을 만큼 거리가 밝고 유동 인구가 많은 편이다. 단, 싼야의 제일야시장 등 사람이 몰리는 곳에서는 소소한 사건이 발생할 수 있으니 주의하자. 야롱베이, 하이탕베이와 같은 외곽 해변은 밤에 유동 인구가 없는 편이라 리조트 밖으로 외출하는 것을 삼가자.

하이난에서의 카드 결제, 환전

하이난에서는 한국의 신용카드 사용이 거의 불가능하다. 현지인들도 카드보다 위쳇페이나 알리페이를 더 많이 사용한다. 해외에서 사용할 수 비자(Visa)나 마스터(Master) 카드도 호텔 이외에는 사용할 수 없는 경우가 많아 현금을 미리 위엔화로 넉넉히 환전하는 것이 좋다. 하이난 공항에 다소 늦은 시간에 도착하면 공항 내 환전소에서 환전하기 어렵고, 호텔에 따라 달러 환전이 안 되는 곳도 있으니 참고하자.

중국어 익숙하지 않다면 지도, 번역기 필수!

하이난은 중국어를 기본으로 '민남어'라는 현지 방언을 많이 사용하지만, 싼야 지역은 유명한 관광지이고 지방에서 유입된 사람이 많아 대부분이 표준어에 해당하는 보통화를 구사한다. 유명 관광지나 호텔, 상가 등에는 영어, 러시아어, 한국어로 안내 표지판이 설치되어 있지만, 아직까지 택시나 식당 등에서 영어가 거의 통하지 않는다. 가고자 하는 목적지가 있다면 영어로 말하는 것보다 일단 지도나 중국식 표기를 보여주는 편이 빠르다. 이런 상황이니 중국어가 익숙하지 않다면 지도와 번역기, 그리고 가이드북은 필수!

데이터는 한국에서 준비하세요

현지에서 선불형 유심을 구입하는 것이 가장 저렴하지만, 현지 유심은 여권 번호, 한자 이름, 한자 주소까지 기재해야 하며 등록 절차가 번거롭고 에러도 많은 편. 따라서 한국에서 데이터 로밍을 해오거나 중국 유심을 한국에서 미리 구매해오는 편이 낫다. 하이난은 와이파이 환경은 좋은 편이라 대부분의 호텔, 식당, 쇼핑몰 등에서 무료 와이파이를 제공하고 있다.

숫자로 보는 하이난

비행시간

약 **4**시간 **50**분

베트남과 홍콩 사이에 있는 섬으로 비행 시간은 이 나라와 비슷하다.

시차

1시간

한국보다 1시간 빠르다.
한국이 오전 10시일 때, 하이난은 오전 9시.

면적

3만 **4300** km²

하이난은 제주도의 19배 크기의 섬으로, 타이완에 비해 약간 작다.

전압

220v

일반적으로 220V이지만, 플러그 모양이 다르므로 멀티 어댑터를 가져가는 게 좋다.

03 Hello! Hainan
하이난이 '뜨는' 이유

제주도의 무려 19배에 달하는 크기만큼이나 다채로운 매력을 지닌 하이난. 한때 대륙의 유배지로 '세상의 끝'이라 여겨졌지만 이제는 해상 실크로드의 중심지이자 중국인이 떠나고 싶은 신혼 여행지 1순위로 꼽힌다. 천혜의 자연 환경과 다양한 문화가 어우러진 하이난의 매력을 살펴보자.

가성비 좋은
고급 리조트의 향연

하이난이 휴양지로서 경쟁력 있는 것은 무엇보다 가성비 좋은 리조트가 매우 다양하다는 것. 입이 떡 벌어질 만큼 고급스럽고 스케일 또한 어마어마한데 이 가격이 맞나 싶을 만큼 타국의 휴양지에 비해 저렴한 편. 합리적인 가격의 리조트에서 최고의 호사를 누릴 수 있는 곳이 바로 하이난이다.

휴양은 물론 관광까지
두 마리 토끼!

하이난은 휴양은 물론, 다양한 세대가 만족할 만한 관광 콘텐츠도 가지고 있다. 연인이라면 사랑의 전설이 전해지는 천애해각과 열대천당삼림공원을, 부모님과 함께라면 멋진 풍광의 남산풍경구를, 아이들과 함께라면 원숭이섬을 추천한다.

해산물, 열대과일 맛있는
미식 천국

바다로 둘러싸인 하이난에서 가장 흔한 것이 바로 해산물. 바닷가재, 새우, 전복, 조개 등이 지천이라 어디에서나 쉽게 다양한 해산물 요리를 맛볼 수 있다. 또 여행 내내 갈증을 시원하게 해소해주는 열대과일이 풍성한 것도 매력 중 하나.

바다와 숲 모두 멋진
'동양의 하와이'

하이난은 분계주도를 기준으로 아열대와 열대 기후의 우림을 드넓게 품고 있다. 곳곳에 야자 나무가 즐비하고, 맹그로브 나무가 신비로운 풍광을 완성한다. 해변뿐만 아니라 열대천당삼림공원 등 숲이 멋지고, 나무로 인해 바다의 매력도 배가 되는 하이난은 '동양의 하와이'라는 별칭이 아깝지 않다.

다채로운
레포츠와 엔터테인먼트

하이난은 워터파크, 민속공연, 골프, 트레킹, 헬리콥터 투어까지 한시도 지루할 틈 없는 섬이다. 그중에서도 로맨스파크 천고정의 송성가무쇼와 오지주도에서 즐기는 다양한 해양 레포츠는 놓치면 안 될 여행자들의 버킷리스트.

이국의 밤 즐기는
야시장

후끈한 열대기후의 하이난은 낮보다 밤이 화려하다. 하이난의 일상은 해가 지고 나서 다시 시작된다고 해도 과언이 아닐 정도. 가볼 만한 야시장의 종류도 다양해서 매일 시끌벅적 흥겨운 이국의 밤을 즐길 수 있다.

직항 타고
바로 통하는 여행

하이난에는 남부 싼야와 북부 하이커우에 2개의 국제공항이 있다. 최근 우리나라의 저가항공사들이 싼야에 취항하면서 인천, 부산, 대구에서 싼야로 가는 직항 항공편이 늘었다. 대부분의 항공편이 남부 휴양지인 싼야봉황국제공항으로 운항되며, 성수기에는 하이커우로 특별기가 운항되어 하이난까지 가는 길이 편하고 빨라졌다.

Hello! Hainan
하이난 인기 리조트 비교 분석

하와이는 물론 발리나 푸켓, 몰디브 등과 같이 세계적으로 유명한 휴양지에서나 볼 수 있었던 초특급 리조트가 즐비한 하이난. 특히 남부의 싼야 해변은 리츠칼튼, 힐튼, 하얏트, 메리어트 등 세계적 호텔 체인에 중국 브랜드까지 가세하면서 200개가 넘는 리조트가 밀집한 가장 치열한 리조트의 각축장이다.

하이난 인기 숙소 한눈에 보기

 맹그로브트리 리조트 p.135
Mangrove Tree Resort World Sanya
추천! 초대형 부대시설 누리고 싶은 가족 여행자

마카오의 베네시안 리조트보다 더 큰 규모를 자랑하는 초대형 종합 리조트. 객실이 4000여 개, 리조트 내 식당만 70개에 이르며 리조트 중앙에 중국 최대의 워터파크, 쇼핑몰, 3D영화관을 비롯해 중국 최초의 카지노바 등 어마어마한 규모의 부대시설을 갖추고 있다.

 오토그래프 콜렉션 p.139
Autograph Collection by Marriott
추천! 트렌디한 부티크 스타일을 선호하는 여행자

오토그래프 콜렉션은 메리어트 인터내셔널이 보유한 럭셔리 라이프스타일 브랜드. 각 나라와 지역 특색을 잘 반영한 호텔 시설과 서비스가 돋보인다. 인피니티풀 2곳을 보유하고 있으며, 객실이 모던하면서도 감각적이라 젊은 여행자들이 선호한다.

 아틀란티스 싼야 p.173
Atlantis Sanya
추천! 세계 단 3개뿐인 7성급 리조트를 경험하고 싶다면

전 세계에 단 3개뿐인 7성급 신생 리조트로 사라진 전설 속의 고대 왕국 '아틀란티스'를 모티브로 하고 있다. 방대한 크기의 워터파크와 글로벌 레스토랑 21개를 갖추고 있다. 특히 두바이 아틀란티스와 동일한 규모의 워터파크와 아쿠아리움 덕분에 가족 여행자들에게 인기 만점.

 래플스 p.176
Raffles Hainan Lingshui
추천! 최고급 리조트를 합리적 가격으로 즐기고 싶다면

페어몬트 호텔 그룹의 최고급 리조트 중 하나. 바다와 해변이 깨끗한 청수만에 위치해 있다. 싱가포르의 래플스를 이용하기에 부담됐다면, 수준 높은 레스토랑과 스파, 다양한 부대시설을 갖춘 래플스를 하이난에서 합리적인 가격대로 즐길 수 있다.

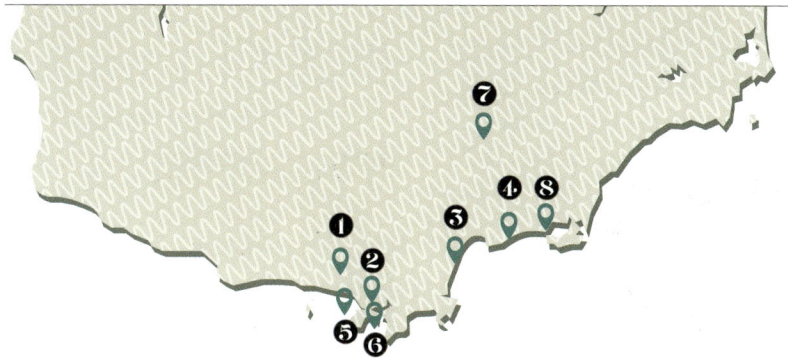

❺ 봉황도 리조트(피닉스 아일랜드 리조트) p.136
Phonix Island Resort Sanya

추천! 싼야 랜드마크에서 나이트라이프를 즐기고 싶다면

싼야의 랜드마크인 봉황도에 위치한 호텔. 싼야베이가 한눈에 들어오는 최적의 위치에 있다. 테라스에서 싼야베이의 긴 해안선을 한눈에 담을 수 있고, 야경과 일몰을 즐기기에도 최적의 조건. 푸싱지에와 제일야시장, 유람선 선착장, 녹회두 공원 등이 가까워 싼야의 밤문화를 즐기기에도 좋다.

❻ 만다린 오리엔탈 리조트 p.137
Mandarin Oriental Sanya

추천! 아이와 함께 여행하는 가족 여행자

중국 최고의 호텔 체인인 만다린 오리엔탈 그룹 특유의 고객 맞춤 서비스가 돋보이는 리조트. 모든 객실이 해변을 조망할 수 있도록 설계됐으며, 테라스에 티테이블과 안락의자를 갖춘 작은 정원이 딸려 있어 독립된 휴식을 취하기 좋다. 만다린 내 다양한 레스토랑 중에 '이양(倚洋中餐厅)'은 딤섬과 원창닭으로 유명한 곳이다.

❼ 더블트리 힐튼 칠선령
Doubletree Resort
by Hilton Hainan Qixianling Hot Spring

추천! 바다보다 산, 온천을 선호한다면

'하이난의 지붕'이라 불리는 오지산 칠선령 주변에는 다양한 온천 리조트가 있다. 그 중에서도 맑은 공기와 울창한 숲, 따뜻한 온천욕을 즐길 수 있는 더블트리 힐튼 칠선령은 심신을 다스릴 수 있는 휴식을 주는 리조트. 로비에서 바라보는 칠선령의 일곱 봉우리가 신비스럽고, 객실 테라스에 오픈형 욕조가 있어 언제든 온천욕이 가능하다.

❽ 더 웨스틴 블루베이 p.177
The Westin Blue Bay Resort

추천! 만족스러운 골프 리조트를 찾는 여행자

하이난의 동부 해안에 자리한 더 웨스틴 블루베이는 블루베이 골프장, 청수만 골프장 등이 지척이라 골프 여행으로 적합한 리조트. 매년 LPGA 경기가 열리는 챔피언십 골프 코스인 지안 레이크 블루베이 골프클럽도 가까이에 있다. 청수만 해변에서도 최고 경관으로 손꼽히는 '블루베이 그린타운'에 위치하며, 350개의 객실 모두가 탁 트인 바다를 바라보도록 설계된 것이 특징.

⑨ 미션힐즈 리조트 p.191
Mission Hills Resort Haikou

추천 골프, 온천, 워터파크를 모두 누리고 싶다면

가족 모두 즐길거리가 풍성한 종합 테마형 리조트. 할머니, 할아버지는 온천, 아빠는 골프, 엄마는 럭셔리 스파, 아이들은 신나는 워터파크를 올인원으로 함께 즐길 수 있다. 특히 기네스북에 등재된 아시아 최대 규모의 화산 미네랄 온천과 총 180홀을 갖춘 동양 최대 규모의 골프장은 미션힐즈 리조트의 자랑이다.

⑩ BFA 호텔
BFA Hotel

추천 세계 정상들이 함께한 호텔에서 하룻밤

보아오에서는 매년 4월 아시아 정상들이 모이는 BFA(Boao Forum for Asia)가 열린다. 매년 아시아의 경제와 미래를 논하는 자리인 만큼 호텔 관리가 잘 되고 있으며, 세계적인 수준의 골프장이 밀집되어 있어서 골프 여행을 즐기기에도 좋다. 강과 바다, 골프장과 조화로운 풍경도 BFA 호텔의 격을 높인다.

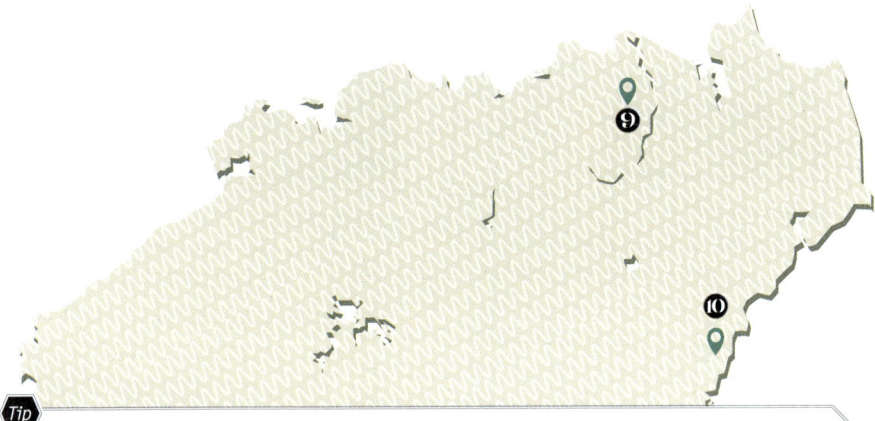

> **Tip**
>
> ### 동반자에 따른 숙소 찾기
>
> 누구와 함께하느냐에 따라 숙소 선택의 기준이 달라지기도 한다. 다음은 동반자에 따른 추천 숙소.
>
> | | 아이 동반 가족 여행 | 친구·연인끼리 여행 | 부모님 동반 가족여행 |
> |---|---|---|---|
> | 휴양형 | 래플스
만다린 오리엔탈
아틀란티스 싼야 | MGM 그랜드
인터컨티넨탈
오토그래프 콜렉션 | 래플스
파크하얏트
완다비스타 |
> | 도심형 | 풀만
메리어트
맹그로브트리 | 봉황도
윈덤 | 미션힐즈
풀만 |
> | 실속형 | 하만
홀리데이 인 야롱베이 | 베리 부티크 씨뷰 | 화유 |
>
> ※ 숙소의 명칭은 편의 상 '리조트', '호텔'을 제외하고 흔히 부르는 이름 위주로 표기했다.

내게 맞는 호텔·리조트 찾기

→ **위치** : 쇼핑, 편의시설, 관광지가 가까운 리조트를 원한다면 싼야베이와 대동해, 조용한 휴양을 원한다면 야롱베이, 하이탕베이, 청수만 쪽에 숙소를 정하자.

→ **가격** : 하룻밤에 3~4만 원의 3~4성급 호텔에서부터 30~40만 원대의 최고급 리조트까지 선택의 폭이 넓다. 특히 4~9월 비수기에는 다양한 프로모션의 혜택으로 더욱 저렴하게 숙박할 수 있다. 우리나라의 구정에 해당하는 중국의 춘절 등에는 성수기에 해당하여 가격이 두 배 이상 뛰기도 한다.

	등급	숙소	위치	특징
휴양형	7성급	아틀란티스	하이탕베이	방대한 규모의 워터파크와 미슐랭급 글로벌 레스토랑을 보유한 전 세계에 단 3개뿐인 7성급 리조트
	5성급	래플스	청수만	최고의 휴식을 취할 수 있는 고급 리조트
		만다린 오리엔탈	대동해	수준 높은 서비스와 레스토랑으로 여행의 만족도를 높이는 리조트
		MGM 그랜드	야롱베이	매일밤 풀파티와 클럽을 즐기는 야롱베이에서 가장 핫한 리조트
		인터컨티넨탈	소동해	한국인이 설계한 리조트로 모던한 스타일이 강점
		오토그래프 콜렉션	대동해	트렌디한 인테리어로 여성 여행자들에게 인기 최고의 신생 호텔
		파크하얏트	써니베이	물 맑고 조용한 해변에서 완벽한 휴식
		완다비스타	하이탕베이	고풍스러운 전통 양식의 고급 리조트
도심형	5성급	봉황도	싼야베이	싼야베이가 한눈에 펼쳐지는 봉황도에 위치한 싼야의 랜드마크
		윈덤	싼야베이	영화관에서 마트까지 한 번에 연결되어 편리하고, 공항, 관광지와 가까운 호텔
		풀만	싼야베이	한국인을 위한 배려가 돋보이는 리조트
		메리어트	대동해	대동해가 한눈에 보이는 뷰를 자랑하는 초특급 리조트, 2015년에 오픈했으며 한식당 스모키모토가 유명하다.
		맹그로브트리	싼야 도심	워터파크 시설이 좋은 종합 테마파크형 리조트, 유아를 동반한 가족들에게 패밀리룸이 인기
		미션힐스	하이커우	골프, 온천, 워터파크가 함께 있는 가족 여행에 최적화된 리조트
실속형	3~4성급	베리	대동해	대동해 중심에 위치, 주변에 레스토랑, 마트, 해변이 가까운 가성비 좋은 리조트
	4~5성급	하만	대동해	파인애플몰과 가까워 편의성 극대화, 작지만 알찬 수영장이 장점
		화유	야롱베이	백화구 옆에 위치해 편의성 좋고, 전통적인 외관이 멋진 리조트
	5성급	홀리데이 인	야롱베이	야롱베이 해변에서 해양 레포츠 즐기기 좋고, 24시간 체크아웃 시스템이 장점

※ 숙소의 명칭은 편의 상 '리조트', '호텔'을 제외하고 흔히 부르는 이름 위주로 표기했다.

특별한 만족을 주는 하이난 숙소

공항 · 시내와 가까운 호텔 · 리조트

1 윈덤 호텔
Wyndham Hotel Sanya Bay

2 풀만 리조트
Pullman Oceanview Sanya Bay Resort

3 하만 호텔
Harman Resort Hotel Sanya

4 베리 부티크 씨뷰 호텔
Barry Boutique Seaview Hotel

워터파크 시설을 갖춘 리조트

1 맹그로브트리 리조트
Mangrove Tree Resort World Sanya

2 아틀란티스 싼야
Atlantis Sanya

3 미션힐즈 리조트
Mission Hills Resort Haikou

골드카드 서비스가 제공되는 리조트

1 래플스
Raffles Hainan Lingshui

2 만다린 오리엔탈 리조트
Mandarin Oriental Sanya

3 풀만 리조트
Pullman Oceanview Sanya Bay Resort

4 미션힐즈 리조트
Mission Hills Resort Haikou

풀빌라가 있는 럭셔리 리조트

1 래플스
Raffles Hainan Lingshui

2 반얀트리 싼야
Banyan Tree Sanya

3 콘래드 하이탕베이
Conrad Sanya Haitang Bay

05 Hello! Hainan
꼭 맛봐야 할 하이난 별미

보통의 중국 요리가 기름에 볶아 느끼한 반면, 하이난 요리는 한국처럼 삶거나 쪄서 맛이 담백한 것이 특징이다. 덕분에 한국인이 즐기기에 무리가 없으니 여행 중 입맛에 맞는 것을 골라 한 번쯤 맛보기를 추천한다.

하이난펀 海南粉, **바오루펀** 抱罗粉

하이난식 쌀국수다. 푹 삶은 쌀국수를 건져서 찬물에 담갔다가 물기를 뺀 후 말린 소고기, 오징어채, 채 썬 돼지고기, 참깨, 발효한 콩깍지, 검은 콩나물, 땅콩 등의 고명을 얹은 비빔국수, 야채와 닭육수를 곁들인 육수를 부어 먹는 탕면, 두 가지 형태가 있다. 탕면은 삼선짬뽕과 비슷한 맛이다.

▶ 해방로 미식성 p.116, 려매매 식당 p.121

원창닭 文昌鸡

하이난 원창에는 용나무가 많은데, 이 나무에서 떨어진 씨앗을 먹고 자란 닭들은 육질이 특별하다고 한다. 하이난에서는 '원창닭 요리가 없으면 연석이 안 된다'라는 말까지 있을 정도로 인기 있는 대표 요리. 닭고기를 담백하게 삶아 개인 취향에 따라 소스를 배합해 찍어 먹는데, 우리나라의 토종닭 맛과 비슷하다.

▶ 해아식당 p.118

칭부량 请补凉

하이난 길거리에서 흔히 먹을 수 있는 디저트다. 콩, 팥, 녹두를 비롯해 코코넛 과육, 거북이 젤리, 떡, 대추 등에 코코넛 워터를 붓고 얼음을 띄워 즐기는 하이난식 팥빙수이다. 몸의 열을 식히고 습한 기운을 낮추는 별미로 달달하게 즐길 수 있어 묘한 중독성을 불러일으킨다.

≫ 야어당 p.118

야자닭 椰子鸡

하이난은 전통요리에 야자를 많이 사용한다. 그 중에서도 '와관야자닭'은 맑은 탕에 닭과 코코넛을 넣고 끓인 하이난식 닭한마리. 훠궈처럼 다양한 야채와 고기, 면 등을 넣어 끓여 먹는 방식으로 코코넛과 닭이 만나 달큼하면서도 담백한 맛을 낸다. 한편 '야자홰자닭'은 신선한 야자 과육과 함께 구워낸 닭요리로 바삭바삭한 맛이 일품이다.

≫ 남국야자닭 p.117

해산물 요리

바다로 둘러싸인 하이난은 바닷가재, 새우, 전복, 해삼, 조개 등 해산물이 매우 신선하고 다양하다. 크기부터 압도적인 바닷가재도 맛있지만, 길거리 야시장에서 먹는 망고조개 한 접시에 하이난 맥주 한잔으로 세상 다 가진 듯 행복해질 수도 있다.

≫ 제일야시장 해산물식당 거리 p.111,
   익룡 해경어촌 p.120, 제이슨 맥주광장 p.122

예즈판 椰子饭

하이난 식당에서 흔히 만날 수 있는 야자밥으로 야자 열매 속에 찹쌀을 채워 넣어 찐 것이다. 속은 우리나라의 약식 같고, 겉은 생율과 같은 맛이 난다. 예즈판에 대해서는 재밌는 이야기도 전해진다. 마오쩌둥의 네 번째 부인인 강청이 하이난에 방문했다가 야자 열매가 떨어져 머리를 다쳐 크게 화를 내며 야자나무를 모두 베어버리라고 했다. 당황한 주민들이 나서서 야자밥을 해주었는데, 그 맛에 감동하여 한 그루만 베어버리라고 했단다.

▶ 남국야자닭 p.117

뽀로판 菠萝饭

파인애플밥인 뽀로판은 찐 밥과 볶음밥의 형태로 야시장에서 흔히 만날 수 있지만, 파인애플이 많이 나는 빈랑구에서 먹는 것이 가장 맛있다.

▶ 빈랑구 p.152

차오삥 水果冰沙

생과일을 갈아 넣은 시원한 아이스크림. 열대과일이 풍성한 하이난의 대표적인 길거리 간식이다. 생과일에 연유, 설탕을 첨가해 믹서에 갈아 차갑게 냉각한 철판에 비비면 슬러시 타입의 아이스크림이 되는데, 무더운 하이난에서는 매일 먹어도 질리지 않는다. 다양한 과일을 믹스해 나만의 맛을 골라 먹을 수도 있다.

소수민족 요리

리족과 마오족의 땅이었던 하이난에서는 자연 그대로의 재료를 건강하게 즐기는 소수민족 요리를 다양하게 맛볼 수 있다. 삼모작을 하기 때문에 기본적으로 쌀이 유명하여 다양한 종류의 밥을 만날 수 있다. 생선과 밥을 삭혀 독특한 풍미를 더한 묘족삼색밥은 이곳의 전통주인 산란주는 물론이고, 아삭이는 식감이 좋은 야채절임과 궁합이 잘 맞는다. 소수민족 요리는 주로 빈랑구 일대에서 맛볼 수 있다.

▶ 소수민족식당(려묘풍미식당) p.155

하이난 인기 맛집

현지 요리 유명한 레스토랑

1 채식식당 연기루
缘起楼
p.93

2 해아식당
海亞餐厅
p.118

3 하이난미식문화박람성
海南美食文化 博覽城
p.189

해산물 맛있는 레스토랑

1 익룡 해경어촌
益龙海景渔村
p.120

2 동해용궁
東海龙宫
p.125

3 제일야시장 해산물식당 거리
第一市场 海鲜加工店
p.111

우리 입맛에도 잘 맞는 현지 맛집

1 남국야자닭
南国椰子鸡
p.117

2 장자고어
匠子烤鱼
p.127

3 충칭훠궈집
重庆刘一手火锅
p.123

06 Hello! Hainan
열대과일 천국, 하이난

하이난은 카페보다 과일가게가 더 많을 정도로 열대과일이 풍성하다. 마트는 물론이고 길거리 노점, 전문 과일가게, 심지어 바닷가에서도 쉽게 과일을 구매할 수 있다. 그중에서도 망고, 야자, 용과 등은 가격이 저렴하고 맛도 일품이다.

망고 芒果 망구어
하이난에서는 초록색의 청망고, 커다란 황금망고, 주먹만 한 애플망고 세 가지 망고를 가장 흔히 만날 수 있다. 하이난의 시장 곳곳에서는 마치 우리나라 제주도에서 천혜향을 택배로 배송하듯 중국 각지로 망고를 보내기도 한다. 5~10월에는 제철을 맞아 특히 저렴하고 달콤한 망고를 맛볼 수 있다.

야자(코코넛) 椰子 야즈
하이난에서 사시사철 볼 수 있는 흔한 과일이다. 길거리 노점에서도 야자를 통째로 쌓아놓고, 즉석에서 뚜껑을 열어 들고 마시기도 한다. 음료는 물론 야자밥, 야자닭 등 다양한 요리에 활용되고, 야자 캔디, 야자젤리 등의 간식으로 먹기도 한다.

로즈애플 玫瑰苹果 메이구이핑구어
꽃봉오리를 닮은 로즈애플은 그 이름처럼 빨간 사과와 비슷한 맛. 아삭한 식감이 좋지만, 과일주스로 먹어도 시원한 맛이 일품이다. 혈압을 내리는 데에도 효과가 있다고 한다.

미니 파인애플 菠萝 뽀로어
보고 있으면 귀여움 돋는 미니 파인애플은 한 번에 먹을 수 있는 앙증맞은 사이즈! 과육이 단단하고 당도가 높아 무더운 하이난에서 당을 보충할 때 최고의 과일이다. 바로 껍질을 까서 3~4개씩 봉지 단위로 파는데, 앉은 자리에서 2~3개는 너끈히 먹을 수 있을 만큼 간편하면서도 달고 맛있다.

용과 火龙果 훠룽구어

선인장의 열매로 한국에서는 냉동으로만 즐기던 용과를 신선도 100% 상태로 맛볼 수 있다. 다른 과일에 비해 단맛은 덜하지만 수분이 많고 식감이 좋아 사랑받는다. 여러 종류 중에 속살이 보라색인 것이 더 달고, 그냥 먹어도 맛있지만 용과를 재료로 한 길거리 아이스크림 '차오삥'으로 즐기면 최고의 맛을 즐길 수 있다. 7~10월이 제철.

바나나 香蕉 샹지아

하이난에서는 엄지손가락 크기의 몽키바나나가 흔하다. 나무에서 그대로 익혀서 영양과 당도가 높고, 한국에서 먹어본 바나나와 차원이 다른 쫀득하고 찰진 식감이 일품이다.

용안 龙眼 롱이엔

도토리만 한 동그란 껍질 속에 투명하고 미끈한 과육이 들어 있다. 그 속에 까만 눈동자 같은 씨를 빼고 먹으면 쫀득한 천연 당분을 그대로 섭취하는 느낌. 맛은 리즈와 비슷하지만 좀 더 달게 느껴지고, 차갑게 해서 먹으면 더 맛있다. 6~7월이 제철.

잭푸르츠 菠萝蜜 뽀로어미

두리안과 생김새가 거의 비슷한데 좀 더 크고 생김새도 우스꽝스럽다. 식감은 아삭한 편인데 희한하게도 감과 바나나 맛이 난다. 껍질을 벗기기 힘들어서 노점에서 미리 벗겨서 과육만 따로 포장해 판다. 4~8월이 제철.

Hello! Hainan
취해도 좋아! 하이난 대표 술

물보다 맥주가 저렴한 이곳은 맥주성애자들의 천국! 열대기후에 어울리는 청량한 맥주뿐만 아니라 더운 날씨에 몸을 보(!)하기 위한 다양한 약주가 풍성하다. 강렬한 중국 백주와는 또 다른 매력을 지닌 하이난 전통주도 미식 여행을 즐겁게 한다.

하이난 맥주 海南啤酒 하이난피지우

하이난 식당에서는 현지 맥주보다 칭다오 2000이나 순생맥주를 더 많이 취급하지만, 하이난에 왔다면 현지 맥주를 꼭 즐겨보기를 추천한다. 청량감이 일품인 맥주 브랜드로 하이난(海南啤酒), 하이난 량비(海南 凉啤), 앵커 아이스(ANCHOR ICE)가 있다. 하이난은 순하고 목넘김이 부드럽고, 하이난 량비는 좀 더 진하고 구수한 맛이 느껴진다. 앵커 아이스(AHCHOR ICE)는 청량감이 강해 무더운 하이난 날씨에 더욱 잘 어울린다. 주로 마트에서 쉽게 구입할 수 있다. 한 병에 3~5元 정도.

산란주 山蘭酒

하이난의 '마오타이주'라고 칭송받는 산란주는 소수민족의 전통술로 빈랑구 일대에서만 맛볼 수 있다. 이곳의 쌀과 약재로 빚은 산란주는 첫맛이 매우 깔끔한데 우리나라 막걸리처럼 구수한 뒷맛을 낸다. 증류주 형태와 쌀막걸리 스타일, 두 가지가 있다. 가격은 160元 정도.

야자주 椰奶酒

코코넛 향이 풍기는 야자주는 38도의 백주로 뒷맛이 달콤하다. 깔루아밀크처럼 칵테일로 활용하기 좋고, 한 병에 15元 정도로 선물용으로 부담 없는 가격. 마트에서 쉽게 구할 수 있다.

해마주 海马贡

로컬 식당과 마트에서 흔히 만나는 하이난의 술. 황주에 인삼, 구기자, 감초 등의 재료가 들어간 혼합주이자 약주이다. 32도 정도로 톡 쏘는 박카스 맛과 비슷하다. 해마가 들어가진 않았지만 그 이름만으로 힘이 불끈 솟는 느낌. 한 병에 5元 정도로 가격도 착하다.

야도녹귀주 椰島鹿龜酒 예다오루구이주

하이난을 대표하는 약주로 "북쪽에 호골주(虎骨酒)가 있다면, 남쪽엔 루구이주가 있다"는 옛말이 있을 만큼 중국 최고의 건강주로 손꼽힌다. 현지 조사에 따르면 야도녹귀주가 건강주 업계에서 70%가 넘는 시장 점유율을 확보하고 있다고 한다. 야도녹귀주에 들어간 사슴과 거북이는 체질을 강하게 하고, 류머티즘 등 각종 질병을 예방하는 데 특별한 효능이 있다고 알려졌다. 오랜 역사를 지닌 하이난성의 라오쯔하오(老字號) 제품으로, 건강주 양조법으로는 최초로 하이난성 무형문화유산에 등재되어 있다.

하이난 대표 음료

마트에 진열된 알코올 없는 음료들도 하이난의 무더위를 잊게 한다. 달콤하고 유니크한 맛의 음료를 고르는 재미가 쏠쏠하다. 하이난에서 가장 흔하게 만날 수 있는 달콤한 음료들.

야수패 椰树牌 예슈파이

30년 전통의 코코넛 음료로 중국 전역에서 만날 수 있지만 하이난에서는 마트, 식당, 호텔 미니바 등에서 더욱 자주 보인다. 우리나라 고급 중식당에서 후식으로 나오는 코코넛 밀크 맛이 난다. 가격은 250mL에 3~5元.

칭부량 请补凉 칭부량

하이난의 전통 디저트 칭부량을 마트에서도 만날 수 있다. 팥빙수와 비슷한 음료로 달고 고소하다. 시원하게 즐길수록 맛있다. 가격은 360mL에 약 5~10元.

도전자 桃战者 타오짠져

하이난 대형마트에서 쉽게 만날 수 있는 태국식 코코넛 밀크다. 무가당 제품임에도 달콤함이 느껴지고, 코코넛 과육이 씹히는 맛이 일품이다. 다양한 용량으로 판매되고 있다. 가격은 500mL에 약 15元.

유유내다 呦呦奶茶 요요나이차
경전내다 经典奶茶 징디엔나이차

중국의 양대 식음료 회사 와하하(娃哈哈)와 강사부(康师傅)의 밀크티 제품. 깊은 풍미의 홍차향이 사랑스럽다. 자판기나 길거리의 작은 마트에서도 흔히 만날 수 있다. 가격은 500mL에 약 5~7元.

08 Hello! Hainan
이건 꼭 사야 해! 하이난 쇼핑 필수템

하이난은 중국 전체 야자의 90%, 후추의 50%, 커피의 40%를 생산하고 있는 지역이다. 산지인 만큼 여기에서 응용된 제품이 질 좋고 다양하면서 저렴하다. 열대의 섬이라는 특성 상 과일 가공품이나 진주도 유명하고, 소수민족의 수공예품은 가장 '하이난스러운' 전통 기념품이면서 소장 가치도 높다.

야자 제품 椰子粉

하이난 하면 가장 먼저 야자, 즉 코코넛을 떠올릴 정도로 가장 대표적인 특산품. 시내의 기념품 코너에서도 가장 많이 판매하는 것 중 하나다. 특히 야자 가루는 저렴하고 질도 좋아서 꼭 사와야 하는 필수템 1순위. 설탕을 넣지 않은 무가당 제품이 인기다.

고정차 苦丁茶

하이난을 대표하는 고정차는 오지산 열대수림에서 재배되어 대륙의 차와는 다른 풍미를 지닌다. 오랫동안 우려 마셔도 차의 맛이 일정하며 깔끔한 뒷맛이 오래 감도는 것이 특징. 또 열을 덜어줘 더운 여름에 마시면 기운을 보해준다. 한국에서는 '일엽차(一葉茶)'로 많이 알려져 있으며, 등소평이 즐겨 마신 차로도 유명하다.

과일 가공품

말린 망고와 말린 잭프루츠, 망고 젤리, 코코넛 전병은 인기 있는 과일 가공품. 가볍고 저렴해 지인들에게 선물하기에 좋은 아이템이다.

커피 咖啡

중국 최대의 커피 산지이면서 야자 또한 유명하다 보니 야자 가루가 듬뿍 든 야자밀크커피가 맛있는 것은 당연지사. 우리나라의 '믹스커피'와 비슷한 맛으로, 코코넛의 고소한 향이 더욱 강하고 부드러운 맛이 매력이다.

진주 珍珠

하이난 진주는 오묘한 빛깔과 광택으로 세계적으로 그 품질을 인정받고 있다. 주로 푸싱지에 거리에 많은 진주 상점이 있고, 제일야시장에는 세련된 진주 주얼리 제품이 많은 편이다. 팩이나 가루 형태의 다양한 진주 가공품도 만나볼 수 있다.

소수민족 수공예품

하이난의 소수민족인 마오족들은 직접 짠 직물로 다양한 생활용품을 만들어 판매하고 있다. 하이난의 전통을 담은 화려한 색감의 제품이 많고, 직접 짠 스카프나 파우치 등이 인기 있다. 친환경 제품이라 소장 가치도 높다.

후추 胡椒

하이난은 '천연 약창고'라고 불릴 만큼 약용 식물이 풍부하게 재배되는 지역. 그중 후추, 고량강, 익지, 빈랑, 육두구, 정향의 6가지 한약은 '하이난의 6대 남약(南藥)'이라 부르는 대표적인 약용 식물이다. 특히 후추가 유명하여 식품 매장에 후추 제품이 빠지지 않고 진열되어 있다. 맛을 내는 것뿐만 아니라 몸에 좋은 후추는 선물용으로 인기 만점.

 Tip

하이난 식품 브랜드의 양대산맥

마트나 특산품 가게에서 식품 관련 기념품을 고를 때 수많은 브랜드 때문에 고심이라면, '남국(南國)'과 '춘광(春光)'을 기억하자. 하이난 식품 브랜드의 양대산맥으로 브랜드 인지도 및 신뢰도가 높아 믿고 구매할 수 있다.

라장 黃辣椒酱

라장은 파프리카처럼 생긴 노란고추를 다져서 마늘과 오일을 넣고 재운 천연 소스로 하이난의 식당, 마트에서 매우 흔하게 볼 수 있다. 우리나라의 매운맛과 또 다른 화끈한 매운맛으로, 고기 요리와 함께 먹으면 느끼함을 덜어준다. 마트 등에서 50ml의 작은 사이즈로 판매되며, 빈랑구 등 소수민족 마을에서는 눈앞에서 직접 만들어 용기에 담아주기도 한다.

09 Hello! Hainan
하이난 볼거리 베스트 10

하이난이 다른 휴양지와 차별화되는 것은 중국 문화를 품은 다양한 볼거리! 하이난의 주요 관광지는 국제공항이 있는 싼야와 하이커우의 해안 일대에 주로 자리하고 있다. 그중에서 꼭 가봐야 할 베스트 10곳을 꼽아봤다.

1 남산사 해수관음상

하이난에서 가장 유명한 관광지인 남산풍경구 내에 108m의 해수관음상이 있다. 태풍의 피해가 유난히도 많았던 하이난에 이 해수관음상을 세운 후부터 큰 피해가 줄었다고 해서 그 영험한 기운을 받고자 하는 관광객들이 줄을 잇는다. 불교문화지구인 이곳은 다양한 사찰 외에도 자연 풍광이 수려해 그 자체로 볼거리가 된다.

2 녹회두 공원 일몰

녹회두는 아름다운 사랑의 전설이 전해지는 싼야에서 가장 로맨틱한 명소. 특히 싼야베이로 떨어지는 일몰이 매우 아름답고, 봉황도의 화려한 레이저쇼와 싼야 시내의 야경을 감상하는 최고의 뷰 포인트이기도 하다.

3 빈랑구 소수민족 문화

하이난은 본래 소수민족들의 터전이었다. 열대 자연과 소수민족의 문화가 고스란히 보존된 빈랑구는 3000여 년의 역사를 그대로 보여주는 하이난의 민속촌. 쭉쭉 뻗은 빈랑나무 사이로 화려하게 꽃피웠던 리족과 마오족의 소수민족 문화를 마주할 수 있다.

4 천고정 송성가무쇼

송성가무쇼는 테마공원과 문화공연장으로 이루어진 로맨스파크 천고정에서 꼭 봐야 할 공연. 하이난의 전통문화와 역사를 담은 5개의 짧은 단막극으로 이루어진 쇼는 입체적인 연출과 기승전결이 확실한 시나리오 덕에 중국어에 익숙하지 않더라도 어느덧 빠져들게 된다. 객석이 좌우로 움직이고 바닥에서 꽃잎이 솟아나는 특수 효과는 끊임없이 탄성을 내뱉게 만든다.

5 원숭이섬·수상가옥촌

아이들과 함께하는 여행이라면 꼭 들러보길 권하는 원숭이섬. 3000여 마리의 원숭이가 자유롭게 노니는 이 섬에서는 원숭이가 주인이고 관광객은 손님이 된다. 원숭이섬으로 들어가는 케이블카를 타면, 발아래로 펼쳐지는 수상가옥촌의 풍광 또한 장관이다.

6 푸싱지에·제일시장 야경

현지의 흥겨운 분위기를 만끽하는 야시장 탐방은 빼놓을 수 없는 여행 코스. 싼야의 명동이라 일컫는 '푸싱지에'와 우리나라의 남대문 격인 '제일시장'은 다양한 먹거리와 기념품을 구입하기 좋은 쇼핑 명소이다. 골목골목 맛난 야식과 싱싱한 과일, 다양한 해산물을 저렴한 가격에 즐길 수 있다.

7 섬 속의 섬, 오지주도

하이난은 제주도보다 19배나 큰 섬으로, 주변에 다양한 부속 섬이 있다. 섬에서 섬으로의 여행은 다이내믹한 해양 스포츠를 당일 코스로 즐기기에 안성맞춤. 하이난의 남동쪽 해안을 따라 서도, 오지주도, 분계주도 등의 섬이 유명하며, 그중 오지주도는 청아한 물빛으로 많은 관광객들이 찾고 있다.

8 싼야의 랜드마크, 봉황도

봉황도는 두바이를 벤치마킹해서 만든 인공 섬으로 싼야베이 어느 곳에서도 바라볼 수 있는 싼야의 랜드마크. 홍콩, 베트남 등 동남아로 운항되는 크루즈가 이곳으로 입항하고, 싼야베이의 긴 해안선이 한눈에 들어오는 뷰 포인트이자 매일 밤 레이저쇼가 펼쳐지는 야경 명소이다.

9 하이커우 기로노가

하이난의 성도이자 대외통상의 중심지였던 하이커우에서는 동서양의 건축 양식이 혼합된 건축물을 흔히 볼 수 있다. 해외에 살던 화교들이 이곳으로 돌아와 해외 양식의 건물을 많이 지었기 때문이다. 남송대에서 지금에 이르기까지 3~4층 높이의 건물들이 밀집된 기로노가는 중국 10대 역사문화거리로 알려졌으며, 역사와 일상이 그대로 녹아 있는 명소다.

10 펑샤오강 영화사

1940년대 거리를 재현한 영화 〈1942〉의 세트장이자 미식, 쇼핑 등 다양한 문화 체험이 가능한 테마파크. 실제 영화 촬영이 이뤄지기도 하고, 영화 속 주인공이 될 수 있는 포토존이기도 하다.

10 Hello! Hainan
하이난을 100배 즐기는 레포츠 & 온천

대자연을 온몸으로 만끽하는 레포츠, 피로를 풀어주는 뜨끈한 온천이 있으니 하이난 여행이 100배는 더 즐겁다.

해양 레포츠

다양한 해변을 가진 하이난은 그야말로 해양 레포츠의 천국. 특히 싼야에 포진한 서도, 대동해, 야롱베이, 오지주도, 분계주도 등은 레포츠를 즐기기 좋은 해변이다. 그중에서도 오지주도는 해양레포츠가 특화되었다고 할 만큼 많은 레포츠인들이 사랑하는 섬. 에메랄드빛 오지주도 해변에는 스킨스쿠버 체험, 잠수정 탑승, 스노클링 등 다양한 해양 레포츠 프로그램이 준비되어 있다. 섬을 둘러싼 바다가 워낙 맑고 깨끗해 스노클링 장비 없이도 바닷속 열대어를 선명하게 볼 수 있다. 이밖에도 바나나보트, 패러세일링, 제트스키 등 다양한 해양 레포츠를 즐길 수 있다.

주요 해변 해양 레포츠 요금

하이난에서 해양 레포츠를 이용할 때는 입장료와 더불어 개별 레포츠 요금을 내는 경우가 많아서 결코 저렴하게 느껴지지 않는다. 따라서 단체 일일투어나 몇 가지 레포츠를 묶은 세트 상품을 예약하면 훨씬 저렴하게 이용할 수 있다. 또한 '디엔핑(dianping.com)' 같은 중국의 소셜커머스 앱을 통해 20~50% 할인된 가격으로 이용할 수 있다.

	서도	오지주도	야롱베이
입장료	148元	168元	없음
스킨스쿠버	320元	350元	320元
선상 스킨스쿠버	420元	420元	500元
스노클링	200元	200元	200元
제트스키	150元	150元	180元
패러세일링	280元	280元	320元
바나나보트	100元	100元	100元
스피드보트	220元	120元	120元
반잠수정	200元	160元	200元

※시즌에 따라 요금은 변동될 수 있음

Tip

현지 해양 레포츠 업체

- **삼아반산반도범선항** 三亚半山半岛帆船港
  Serenity Sanya Marina

  위치 녹회두 공원 건너편 요트선착장 내
  주소 三亚市吉阳区鹿回头路
  오픈 09:30~17:30
  전화 0898-3821-6961, 0898-3229-0994

- **아용만 해저세계** 亚龙湾海底世界
  Yalong Bay submarine world

  위치 아롱베이 홀리데이 인 리조트 앞 해변
  주소 三亚市吉阳区亚龙湾国家旅游度假区龙海路2号
  오픈 08:00~17:00
  전화 0898-8856-0176, 0898-8856-5588

- **해역18도잠수** 海域18度潜水
  Sanya Diving Skills Training Center

  위치 대동해 인타임 리조트 앞 해변
  주소 三亚市吉阳区大东海韵路海域18度潜水 三亚大东海(国际)潜水俱乐部
  오픈 08:00~17:30 **전화** 0898-3825-4666

- **오지주도 제도중심** 蜈支洲岛 制度中心
  Wuzhizhou Island Resort

  위치 오지주도 내
  주소 三亚市海棠区海棠湾镇后海村
  오픈 08:00~17:00
  전화 0898-8875-1258

트레킹

하이난 하면 푸른 바다와 백사장이 먼저 떠오르지만, 가볼 만한 산과 열대우림도 많다. 흔히 볼 수 없는 식물로 가득한 하이난의 대자연 속을 걷는 트레킹은 산을 좋아하는 여행자에겐 특히 더 매력적이다. 그중에서 '하이난의 지붕' 역할을 하는 오지산과 열대우림의 진수를 엿볼 수 있는 야노다 열대우림 공원은 대표적인 트레킹 코스로 사랑받고 있다.

추천! 트레킹 명소

오지산 五指山

하이난에서 가장 높은 산(1867m)으로 제주도 한라산(1950m)보다 약간 낮은 산이다. 이 일대는 고산지역으로 기온이 낮아 청량한 피서지로 잘 알려져 있다. 산 중턱까지 전동차를 타고 전망대에 올라 오지산의 봉우리를 조망하고, 계곡을 따라 여유롭게 내려오는 트래킹 코스가 인기 있다. 협곡을 따라 이어지는 약 6km에 이르는 래프팅 코스도 유명한데, 트레킹보다 더욱 다이내믹한 코스를 원한다면 하이난의 대자연 속에 몸을 맡겨봐도 좋겠다.
- 일일투어 추천 p.78

야노다우림공원 呀诺达雨林文化旅游区

하이난 말로 '하나, 둘, 셋'을 뜻하는 야노다는 열대우림의 진수를 엿볼 수 있는 자연생태공원. 우거진 원시림을 관광객들이 쉽게 둘러볼 수 있도록 약 2시간 코스로 조성했다. 밀림과 폭포 사이를 천천히 걸으며 피톤치드를 한껏 들이마시는 색다른 경험이 가능하다.
- 일일투어 추천 p.78

골프

대자연을 만끽하는 다채로운 골프장이 있는 하이난에서는 계절에 상관 없이 만족도 높은 골프를 즐길 수 있다. 그렉 노먼, 콜린 몽고메리 등 세계적으로 유명한 골퍼들이 격찬한 명문 골프장을 필두로 우수한 시설의 골프장이 속속 들어서고 있으며, 코스 수준이 높은 것은 물론이고 서비스 또한 세심해서 골퍼들에게는 그야말로 파라다이스나 다름 없다. 이와 함께 많은 골프장들이 호텔과 온천, 수영장 등을 겸비한 고급 리조트 단지로 조성되어 있어 골프 여행의 여유를 즐길 수 있다.

추천! 하이난 골프장

BFA 골프장 博鳌亚洲论坛会议中心高尔夫球会

호주의 골프장 디자이너 그레험 마쉬가 설계한 18홀 골프장으로 매년 4월 아시아의 정상들이 모이는 BFA 국제컨벤션센터 내에 있다. 강과 바다가 합류되는 삼각지에 자리 잡은 '섬' 형태의 골프장으로 유명하다. 아름다운 경치와 고급스러운 분위기 때문에 많은 골퍼들이 즐겨 찾는다. 새하얀 모래 벙커가 인상적이다.

위치 싼야에서 차로 2시간 30분, 하이커우에서 차로 1시간 30분
주소 琼海市博鳌水城东屿岛 博鳌亚洲论坛会议中心高尔夫球会
전화 0898-6296-6166

미션힐즈 골프장 观澜湖高尔夫球会

무려 여의도의 6배, 홍콩 섬과 비슷한 면적의 미션힐즈 리조트 내에 위치한 골프장. 최상급 파스팔람(Paspalam) 잔디가 깔려 있어 마치 달에서 퍼팅하는 것 같은 '무중력 골프장'으로 유명하다. 화산암과 연초록 페어웨이가 어우러져 풍광이 아름답고 세계적인 골퍼들뿐만 아니라 가족 단위 여행자들의 만족도도 높다. 현재 18홀짜리 골프장을 108홀 운영 중이며, 216홀 규모로 확대될 예정이다.

위치 하이커우 도심에서 차로 20분, 미션힐즈 리조트 내 위치
주소 海口市龙华区观澜湖大道1号
전화 0898-6868-3888

하이난 골프장 이용 팁

● **전동차**
회원을 제외한 일반 이용객은 전동차 사용이 필수. 한국과 마찬가지로 4인 1조 라운드가 기본이지만 2~3인 라운드도 가능하다.

● **복장**
반바지나 반팔 규제는 없다. 단, 상의는 옷깃이 달린 티셔츠를 입는 게 좋다. 일부 골프장에서는 복장 규정이 비교적 엄한 편이다.

● **요금**
대부분의 골프장은 그린피, 전동차, 라커, 보험을 합한 패키지 요금을 받고 있다. 골프장마다 요금은 천차만별이지만, 18홀 라운드에 500~1000元 내외를 예상할 수 있다.

● **캐디피 · 팁**
보통 캐디와 팁을 별도로 받는다. 패키지 요금으로 라운드해도 캐디팁은 따로 주는 경우가 많다. 팁은 18홀당 50~100元 정도가 평균적이다. 1인 1캐디가 원칙이기에 2인 1캐디로 라운드했어도 팁은 2명분에 해당하는 금액을 지불하는 게 예의다.

청수만 골프장 清水湾高尔夫球会
하이난에서도 풍광이 빼어나기로 소문난 청수만 해변을 바라보는 골프장으로 중국 10대 명문 골프장 중 하나. 페어웨이가 넓고 일부 홀에서는 탁 트인 바다를 바라보며 샷을 날릴 수 있어 매력적이다. 디봇(Divot) 자국이 전혀 안 보일 정도로 페어웨이 관리가 잘 되고 있으며, 세컨샷 장소로 이동할 때 마치 양탄자 위를 걷는 듯한 느낌을 받을 만큼 잔디 상태가 좋다.

위치 싼야의 동부 해안, 싼야 도심에서 차로 45분
주소 陵水黎族自治县英州镇清水湾度假区
전화 0898-8335-9031

칠선령 골프장 七仙岭高尔夫球会
하이난의 중부 칠선령 중턱에 자리한 산악형 골프장. 페어웨이 평균 폭이 500야드 정도라 정확한 샷을 요구한다. 산 속에 있어 싼야 도심보다 평균 기온이 3~5℃ 낮아 여름에도 시원하고, 칠선령 주변의 온천지구도 함께 이용할 수 있어 골프와 온천을 함께 즐기는 현지인들의 피서지이기도 하다. 칠선령의 아름다운 산악 경치가 골프의 맛을 한층 더해준다.

위치 하이난의 중부, 싼야 도심에서 차로 1시간 20분
주소 保亭黎族苗族自治县七仙岭温泉度假区
전화 0898-8388-8600

온천

화산 지대인 하이난 곳곳에서는 온천 지구를 만날 수 있다. 특히 싼야 동쪽 해안에 한창 개발 중인 관광지구에는 주강남전 온천을 비롯한 다양한 온천과 리조트가 몰려 있다. 하이난 북쪽의 하이커우에도 아시아 최대 규모를 자랑하는 미션힐즈 온천이 있다. 가족 모두가 즐길 수 있는 하이난의 리조트형 온천에서 여독을 풀며 하루쯤 묵어가는 것은 어떨까? 미네랄이 풍부하게 함유된 하이난 온천수는 피부병, 관절염, 스트레스 완화에 효과적이라고 한다.

추천! 하이난 최고의 온천

주강남전 온천 珠江南田 溫泉

의료 온천 시설로 개발된 대형 온천 테마파크. 평균 수온 57°C로 저온 온천수에 속하며 칼슘 등 미량 원소를 풍부하게 함유하고 있다. 50여 개의 노천탕과 각종 놀이시설을 갖추고 있으며, 매우 다양한 이색 테마 탕을 경험할 수 있다. 또한 '친친어'라 불리는 닥터피시가 있는 탕이 유명한데, 피부에 있는 각질을 효과적으로 치료해주는 것으로 알려졌다.

교통 일일투어 또는 택시투어 추천(p.78 참조)
주소 三亚市海棠区海棠湾南田旅游城
오픈 08:00~23:00
요금 198元
전화 0898-8881-9888

미션힐즈 온천 观澜湖火山岩矿温泉

아시아 최대 규모의 미션힐즈 온천은 풍부한 천연 미네랄을 함유한 168개의 온천탕에서 다양한 테마로 온천욕을 즐길 수 있다. 아시아, 유럽, 아프리카, 아메리카, 오세아니아까지 세계 5개 대륙의 온천 문화를 모두 즐기는 콘셉트로 가족 관광객들에게 인기 만점. 리조트 내에 위치한 온천이라 편안하고 여유롭게 즐길 수 있다.

위치 하이커우 도심에서 차로 20분, 미션힐즈 리조트 내
주소 海口市龙华区观澜湖羊山大道1号 海口观澜湖 火山岩矿温泉
오픈 13:00~24:00
요금 198元
전화 0898-6868-3888

칠선령 온천 七仙岭 温泉

칠선령 산기슭에 위치한 이곳은 울창한 열대우림 속에서 온천, 폭포, 계곡, 트래킹, 래프팅, 소수민족 자치구까지 함께 즐길 수 있다. 칠선령 온천수는 평균 수온 93℃로 달걀도 삶아먹을 수 있을 정도로 뜨끈뜨끈한 것이 특징이다. 칠선령의 늠름하고 웅장한 봉우리를 바라보며 온천을 즐길 수 있는 것도 매력이다.

위치 싼야에서 차로 2시간
주소 保亭黎族苗族自治县什聘村 七仙岭温泉国家森林公园
오픈 08:30~16:00
요금 입장료 48元
전화 0898-3183-3888, 0898-3183-5047

Hello! Hainan
흥겨운 전통, 하이난 축제

하이난은 연중 온화하고 더운 날씨 속에서 흥겨운 축제가 펼쳐진다. 특히 음력 2~3월, 11월에는 다양한 축제가 열려 이 기간에 여행을 계획한다면 더욱 풍성한 추억을 만들 수 있다.

군포절 军坡节

하이난의 동북부 지역에서 열리는 최대 규모의 제사 형식 축제. 음력 2~3월에 열리는데 이 기간 하이커우에서는 수많은 사람들이 근처 사찰이나 사당을 찾아 향을 피우며 참배하면서 역사적인 인물을 기린다. 대부분 당·송 시대에 유배를 온 인물로 하이난에 선진 문물을 전파했다고 전해진다.

야자축제

소수민족들이 길일로 여기는 음력 3월 3일이 되면 싼야를 중심으로 야자축제가 열린다. 열대기후의 하이난은 야자수가 섬 전체를 뒤덮어 '야자섬'이라 불린다. 1992년부터 시작된 야자축제 기간이 되면 야자로 조각한 공예품이 전시되고, 거리 곳곳에서 소수민족의 전통공연이 펼쳐진다. 각 지역별로 특색 있는 행사가 진행되기도 하는데, 그중 대동해 해변에서 펼쳐지는 '야자 따기 경기'는 인기 있는 프로그램. 긴 해변을 따라 늘어선 야자나무 군락들 사이를 빠른 속도로 올라가 우수수 야자 따는 풍경이 장관이다. 하이난의 성도인 하이커우에서는 야자수길을 따라 야경을 즐기는 '등불축제'가 펼쳐진다. 야자나무 사이로 반짝이는 등불이 이국적인 풍경을 자아낸다.

칠선령 온천축제

매년 음력 7월 7일에 리족과 마오족의 자치주에서 열리는 축제로, 태국의 쏭크란 축제처럼 많이 알려지지는 않았지만 하이난에선 꽤 오랜 전통을 자랑한다. 칠월칠석에 열리는 이 축제 때는 남녀노소 할 것 없이 서로에게 성스러운 온천수를 뿌리며 축복을 기원한다. 흥겨운 분위기 속에서 수만 명의 주민과 관광객들이 어우러져 마치 물싸움을 하듯 온천축제를 즐긴다.

천애해각 국제웨딩축제

사랑의 전설이 전해 내려오는 천애해각은 중국 내 허니문 커플들이 많이 찾는 사랑의 성지. 매년 11월 이곳에서는 사랑의 축제가 열린다. 축제 행사로 이곳을 찾은 커플들은 '한마음 나무'를 심고 '평화의 비둘기'를 날리며 산과 바다처럼 영원히 사랑을 지켜나가겠다는 의식을 치른다.

환락절 欢乐节

하이난성 정부와 중국국가관광국이 함께 주최하는 가장 큰 관광축제로 매년 11월 하순에 열린다. 축제 기간에는 각 시와 현마다 다양한 프로그램을 준비해 관광객들에게 즐거움을 선사한다. 이 축제를 통해 하이난성은 '즐거운 하이난, 파라다이스 하이난'이라는 브랜드 이미지를 구축해나가고 있다.

12 Hello! Hainan
하이난 여행 버킷리스트

눈부신 열대의 햇살, 설탕가루 같은 백사장, 에메랄드빛 바다를 바라보며 야자수 그늘 아래 멍하니 휴식을 취해도 좋을 하이난! 이곳에서 꼭 누려야 할 버킷리스트 10가지를 꼽아봤다.

1 눈부신 해변에서 하이난 한잔!

2 열대천당삼림공원 숲 속 리조트에서 하룻밤

3 야자나무 그늘에서 온종일 멍 때리기

4 하이난 소수민족처럼 화려한 복장 체험

5 가성비 좋은 리조트에서 최고의 호사 누리기

6 제이슨 맥주광장에서 시원한 맥주 마시기

7 고속철도 타고 싼야에서 하이커우까지 색다른 도시 탐방

8 봉황도 루프탑 바에서 싼야베이 보며 칵테일 한잔

9 세계 3대 쇼로 꼽히는
천고정의 송성가무쇼 관람

10 무중력 느낌의 잔디에서
환상의 골프 라운딩

13 Hello! Hainan
하이난 베스트 여행 코스

한국에서 하이난으로 가는 직항 항공편은 대부분 밤늦은 시간에 도착하므로 다음 날부터 일정을 잡게 된다. 고급 리조트를 예약했다면 부대시설이나 프로그램만 이용해도 만족스럽지만, 독특한 문화와 자연 경관을 품은 하이난을 여행하는 것도 빼놓으면 섭섭하다.

싼야 중심 4박 6일 코스

우리나라 여행자 대부분이 싼야봉황국제공항을 통해 입국해 싼야에서 리조트를 즐기는 것을 목적으로 한다. 항공편의 패턴상 3박 5일, 4박 6일 일정을 소화하는 것이 보통인데, 그중에서도 가장 베이직하고 알찬 4박 6일 코스를 제안한다. 싼야 여행은 빡빡한 관광 일정보다는 휴양을 고려한 여유로운 일정이 우선이다.

DAY 1

- **21:30** 한국 출발
  - 비행 약 5시간
- **01:30** 싼야봉황국제공항 도착

DAY 2

- **09:00** 리조트 부대시설 즐기기
  - 리조트 산책 · 아침 수영
- **12:00** 백화구
  - 차 10분
  - 점심 식사(촉향원 훠궈 추천)
- **14:00** 열대천당삼림공원
  - 차 30분
  - 열대우림 산책, 야롱베이 전경 감상
- **17:00** 대동해
  - 도보 10분
  - 해변 카페 즐기기
- **18:00** 파인애플몰
  - 도보 10분
  - 저녁 식사(장자고어 추천)
- **20:00** 제이슨 맥주광장
  - 해산물 안주 곁들여 수제맥주 마시기

일일 투어 · 택시 투어 추천

DAY 3

- **09:00** 원숭이섬
  - 원숭이 나라로 입성
  - 차 30분
- **13:00** 빈랑구 소수민족식당
  - 소수민족 요리 맛보기
  - 도보 10분
- **14:00** 빈랑구
  - 빈랑나무 숲에서 전통 복장 체험
  - 차 1시간 20분
- **18:00** 싼야베이
  - 산책 · 일몰 감상
  - 도보 20분, 차 5분
- **19:00** 푸싱지에
  - 쇼핑 · 저녁 식사

DAY 5

- **09:00** 리조트 부대시설 즐기기
  - 수영장, 키즈클럽, 골프장 등
- **13:00** 파인애플몰
  - 점심 식사 · 쇼핑하기
  - 차 10분
- **17:00** 녹회두 공원
  - 일몰 감상
  - 차 10분
- **19:00** 제일야시장
  - 쇼핑 · 해산물구이 저녁 식사
  - 도보 10분
- **22:00** 마사지숍
  - 발마사지 받기

DAY 4

- **10:00** 남산풍경구
  - 108 해수관음상 감상하기
  - 도보 10분
- **13:00** 채식식당 연기루
  - 사찰요리 맛보기
  - 차 1시간
- **16:00** 로맨스파크 천고정
  - 송성가무쇼 공연 관람
  - 차 20분
- **20:00** 봉황도
  - 루프탑 바에서 칵테일

DAY 6

- **02:00** 싼야봉황국제공항
  - 비행 약 5시간
- **07:00** 한국 도착

싼야 + 하이커우 자유 여행 6박 8일

일정이 다소 여유로워 일주일 이상 여행할 수 있다면, 오지주도나 분계주도 같은 부속 섬에서 해양 레포츠를 즐기고, 고속철도를 이용해 남부의 싼야에서 북부인 하이커우까지 둘러볼 것을 추천한다.

DAY 1

- 21:30 한국 출발
  - 비행 약 5시간
- 01:30 싼야봉황국제공항 도착

DAY 3

- 09:00 오지주도
  - 온종일 해양 레포츠 즐기기

DAY 2

- 10:00 남산풍경구
  - 108 해수관음상 감상하기
  - 도보 10분
- 13:00 채식식당 연기루
  - 사찰요리 맛보기
  - 차 1시간 20분
- 17:00 녹회두 공원
  - 일몰 감상

DAY 4

- 10:00 원숭이섬
  - 원숭이나라로 입성
  - 배 10분
- 14:00 수상가옥촌
  - 해산물 점심 식사
- 17:00 리조트 부대시설 즐기기
  - 수영장, 키즈클럽, 골프장 등

 DAY 5

| 10:00 | 싼야 씬야역
고속철도
1시간 45분

| 12:00 | 하이커우 동역
차 10분

| 13:00 | 오공사, 하이커우 시내 관광
도심 도보 관광
도보 15분

| 18:00 | 태룡미식성
야시장에서 저녁 식사

 DAY 7

| 09:00 | 리조트 부대시설 즐기기
수영장, 키즈클럽, 골프장 등

| 13:00 | 로맨스파크 천고정
송성가무쇼 공연 관람
차 20분

| 16:00 | 파인애플몰
쇼핑 · 저녁 식사
도보 10분

| 18:00 | 제이슨 맥주광장
해산물 안주 곁들여 수제맥주 마시기
도보 10분

| 22:00 | 마사지숍
발마사지 받기

DAY 6

| 10:00 | 기로노가
고풍스러운 옛길 거닐기
도보 10분

| 12:00 | 하이난미식문화박람성
하이난 현지 요리 점심 식사
차 30분

| 14:00 | 펑샤오강 영화사
1940년대 거리에서 사진 찍기
셔틀버스 10분

| 17:00 | 센트레빌
세련된 쇼핑몰에서 쇼핑 · 저녁 식사
차 25분

| 19:00 | 하이커우 동역
고속철도
1시간 45분

| 21:00 | 싼야 씬야역

 DAY 8

| 02:00 | 싼야봉황국제공항
비행
약 5시간

| 07:00 | 한국 도착

Hainan
Transportation

하이난 교통

01 Hainan Transportation
하이난 들어가고 나오기

하이난 남부의 싼야와 북부의 하이커우에 국제공항이 있지만, 우리나라 대부분의 관광객이 대규모 해변과 고급 리조트가 몰려 있는 싼야를 통해 입국한다. 따라서 하이난 들어오고 나오기, 시내로 이동하기, 시내교통 등 이 파트의 모든 교통 정보는 싼야를 기준으로 정리했다.

하이난 직항편

우리나라의 인천, 부산, 무안공항에서 싼야봉황국제공항까지 다수의 항공편이 정기운항 중이다. 인천에서는 주 4회, 부산에서는 주 3회, 무안에서는 주 2회 운항하고 있어 자유로운 여행을 계획할 수 있다. 비행시간은 4시간 50분 정도 소요되며, 모두 밤에 출발해 새벽에 도착하는 일정이라 3박 5일에서 4박 6일 패턴의 여행을 할 수 있다.

하이난까지 직항편을 이용하면 무엇보다 비자 혜택을 누릴 수 있는 것이 편리하다. 반드시 비자를 받아야 하는 중국 본토와 달리, 하이난 현지 공항에 도착해서 도착비자를 받거나 면비자의 혜택을 누릴 수 있다. 패키지 상품이나 에어텔 등 여행사를 통해 여행할 경우에는 비자에 대해 특별히 신경 쓸 필요가 없고, 자유여행자가 개인관광비자나 단체관광비자를 준비하지 않았다면 공항에 도착해 도착비자를 반드시 신청해야 한다. 단, 이 제도는 반드시 직항에 한해서 가능하다.

한국 - 하이난 항공편 스케줄
(2020년 1월 기준)

출발지 · 도착지	항공사	출발일(일정)	출발 · 도착 시간	
			출발	도착
인천 – 싼야	제주항공(7C)	출발 : 월, 목, 금, 일(주 4회) 귀국 : 월, 화, 금, 토(주 4회)	인천 – 싼야(7C8601) 21:10~02:00	싼야 – 인천(7C8602) 03:00~08:05
인천 – 하이커우	제주항공(7C)	수요일(3박 5일) 토요일(4박 6일)	인천 – 하이커우(7C8607) 21:00~02:00	하이커우 – 인천(7C8608) 03:00~07:50
부산 – 싼야	에어부산(BX)	수요일(4박 6일) 목요일(3박 5일) 토요일(4박 6일, 5박 7일)	부산 – 싼야(BX737) 22:05~02:10	싼야 – 부산(BX734) 03:00~07:30
무안 – 싼야	제주항공(7C)	수요일(3박 5일) 토요일(4박 6일)	무안 – 싼야(7C8613) 22:40~02:20	싼야 – 무안(7C8614) 03:25~08:10

* 운항 스케줄은 항공사 사정에 따라 변경될 수 있으니 홈페이지 확인 필요

하이난 경유편

자유 여행의 경우, 중국의 주변 도시 상하이, 광저우, 베이징, 홍콩 등을 경유하는 방법도 있다. 중국의 남방항공이 하이난으로 향하는 가장 많은 경유편을 운항하고 있으며, 그중 광저우, 베이징 경유 시 환승 대기시간이 8시간 이상일 경우 숙박이 제공되고, 4시간 이상일 경우 라운지 이용이 무료라는 혜택이 있어 고려해볼 만하다. 이외에도 중국의 지역 항공사들과 캐세이퍼시픽 등이 베이징, 홍콩, 광저우, 상하이를 경유해 하이난으로 향한다. 단, 경유편을 이용할 경우 도착비자나 면비자 혜택을 누릴 수 없다. 중국 비자를 보유하지 않은 여행자는 직항을 이용하는 것이 여러모로 편리하다.

싼야봉황국제공항 三亞鳳凰國際空港 Sanya Phoenix International Airport

2002년부터 하이난항공그룹(HNA Group)이 관리 · 운영하고 있으며, 여객터미널은 총 3동이다. 국제선보다 국내선 공항의 규모가 훨씬 큰데, 우리나라의 제주도처럼 중국 내국인들이 즐겨 찾는 휴양지이기 때문이다. 중국 하이난항공, 남방항공 등 20여 개의 항공사가 취항하고 있으며, 국제선은 한국, 타이완, 러시아 3개국의 8개 도시로 연결된다. 1층에는 환전소, 여행사, 안내데스크 등이 위치한다. 한국에서 출발하는 노선 대부분이 새벽에 도착하기에 환전소를 비롯한 공항 시설 대부분이 문을 닫은 상태이니 염두에 두자. 2번 게이트에 공항버스 · 시내버스 정류장이 위치한다.

위치 싼야 도심에서 차로 30분(택시로 50~80元), 싼야공항역(고속철도) 앞
주소 三亚市天涯区机场路
전화 0898-8828-9390, 0898-8828-9389

입국하는 여행자가 신고해야 하는 물품

❶ 동식물 및 그 제품, 미생물 · 생물 제품, 인체조직, 혈액 제품
❷ 거주자인 여행자가 국외에서 취득한 총 가액 5000元을 초과하는 사용 물품
❸ 비거주자인 여행자가 중국 국내에서 유치하려는 총 가액 2000元을 초과하는 물품
❹ 1500mL를 초과하는 알코올 음료(주정함량 12도 이상), 또는 400개비를 초과하는 담배

하이커우메이란국제공항 海口美兰国际机场 Haikou Meilan International Airport

중국 하이난성(海南省)의 성도인 하이커우 메이란에 위치하며, 규모면에서 싼야봉황국제공항보다 크고 경유 항공편도 다양하다. 2017년 〈스카이트랙스 월드 에어포트 어워드〉에서 5성 공항에 꼽힐 정도로 시설 면에서 우수하다. 여객 터미널은 2동이고, 중국샤먼항공, 웨스트에어차이나, 동방항공, 상하이항공 등 총 27개사가 취항한다. 국제선은 타이완, 싱가포르, 태국, 한국 등을 연결하고, 국내선은 상하이, 베이징, 칭다오, 광저우, 충칭 등 20여 개 도시로의 정기 노선이 있다. 하이커우메이란국제공항은 고속철도 메이란역(美兰站)을 통해 하이난 전 지역으로 연결되며, 공항 A게이트에서 하이커우 시내까지 21번, 41번 버스가 15분 단위로 운행된다(06:30~21:00).

위치 하이커우 도심에서 차로 30분(택시로 60~100元 거리), 고속철도 메이란역에서 도보 5분
주소 海口市美兰区琼文大道与201省道交叉口
전화 0898-6575-1306

● 입국 과정

❶ 입국장 이동
비행기에서 내리면 셔틀을 타고 입국장으로 이동한다. 공항의 규모가 작아 게이트에서 입국장까지 한눈에 보이는 동선이다. 입구장에 도착하면 바로 오른쪽으로 도착비자 신청소가 보인다.

❷ 도착비자 신청
비자를 미리 준비하지 못했다면, 입국 심사 전에 도착비자를 신청한다.

❸ 입국 심사
외국인(外國人)이라 표시된 입국 심사대에서 여권과 비자, 그리고 입국카드(단체관광비자는 필요 없음)를 제출한다. 최근 중국의 전 지역에서 입국 심사 시 열 손가락 모두 지문 등록을 실시하고 있다. 마지막으로 얼굴 사진까지 찍어야 입국이 가능하다.

❹ 수하물 찾기
수하물 수취대(BAGGAGE CLAIM)가 2대밖에 없어 수하물 찾기가 쉽다. 골프백 같은 큰 짐이 먼저 나오고 캐리어나 작은 백팩 등이 뒤이어 나온다.

❺ 세관 검색대 통과
모든 짐은 엑스레이 검색대를 거친다. 종종 캐리어를 오픈하여 검색하기도 한다. 신고할 품목이 있는 경우 입·출국용 세관신고서를 작성해 제출한다.

> **Tip**
> **보조 배터리 용량 표시 확인하세요!**
>
> 보조 배터리를 휴대하고 중국 항공기에 탑승할 경우, 반드시 배터리에 용량 표시가 있어야 한다. 용량 표시가 없는 보조 배터리는 검색대에서 자주 압수되는 품목. 특히 우리나라 제품 중에 용량 표시가 없는 경우가 많아 여행자들이 자주 압수되곤 한다. 또한 160wh이 넘는 보조 배터리는 반입이 금지된다.

● 출국 과정

❶ 탑승 수속
비행기 출발 약 2시간 전에 1층에 위치한 항공사 카운터가 열린다. 여권과 항공권을 제출한 후 수하물을 부친다. 탑승권과 짐표를 받고, 탑승권에 적힌 게이트 번호와 탑승 시간을 확인한다.

❷ 보안 검색
국제선 터미널이 매우 작은 규모라 카운터 옆으로 보안 검색대가 보인다. 여권과 탑승권을 보이고 짐을 엑스레이 검사대에 통과시킨 후 휴대하고 있는 물품을 간단히 조사받는다. 휴대용 배터리는 검색에 자주 걸리는 물품. 샤오미를 제외한 나머지 배터리가 종종 압수되기도 하니 주의하자.

❸ 출국 심사
차례가 되면 여권, 탑승권, 출국 카드를 제시한다. 단체관광비자의 경우, 비자 서류를 반납하고 모자나 선글라스는 벗어야 한다.

❹ 안전 심사
비행기에 탑승하기 전에 휴대하고 있는 물품을 한 번 더 조사받는다.

❺ 출발 게이트로 이동
탑승권에 적혀 있는 게이트로 이동해 셔틀을 타고 활주로에 진입해 한국행 비행기에 탑승한다.

> **Tip**
> **출국하는 여행자가 신고해야 하는 물품**
>
> ❶ 문화재, 멸종 위기에 처한 동식물 및 그 제품, 생물물종자원, 금은 등의 귀금속
> ❷ 거주자인 여행자가 재반입할 5000元을 초과하는 카메라, 캠코더, 노트북, 컴퓨터 등 여행자의 자가 사용 물품
> ❸ 2만元을 초과하는 인민폐 현금 또는 미화 5000달러 상당을 초과하는 외화 현금

출입국 카드 작성

중국 출입국 카드 서식

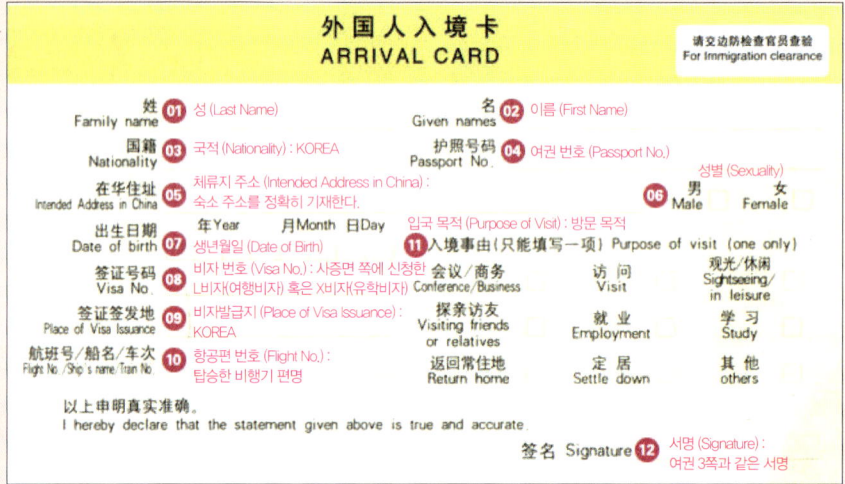

중국에 입국하려면 입국 심사를 받기에 앞서 반드시 출입국카드를 작성해야 한다. 출입국카드는 기내에서 미리 작성해두는데, 이름과 여권번호, 비자번호, 비행기 편명, 국적, 생년월일 등을 반드시 기재해야 한다. 모든 빈칸을 반드시 채우고 여권과 동일한 영문명을 기재하고 사인을 사용해야 한다. 특히 중요한 것은 여행 중 체류지 주소를 정확히 기재하는 것이다. 호텔이나 리조트에 묵는 경우, 그 명칭과 전화번호를 기재하면 된다. 단체관광비자를 가지고 입국한다면, 별도로 출입국카드를 기재하지 않고 비자에 기재된 이름의 순서대로 출입국 수속을 마칠 수 있다.

 Tip

세관신고서

중국에 입국 시 세관에 신고할 물품을 휴대하지 않은 여행자는 〈중화인민공화국세관 출입국여행자휴대물품신고서〉를 작성할 필요가 없으며, 세관에 신고할 물품을 휴대한 경우, 반드시 세관신고서를 작성해야 한다. 세관 통과 시 술 1병, 담배 10갑, 향수 2온스는 신고 없이 반입이 가능하다. 입국 시 신고한 물건은 중국 내에서 팔거나 선물해서는 안 되고, 신고한 물건 가운데 없어진 물건이 있다는 사실이 출국 시 적발되면 관세를 물어야 한다. 작성한 신고서는 그 사본을 출국 시까지 보관해야 한다.

도착비자 신청

공항에 도착 즉시 발급 신청할 수 있는 비자로, 입국장 바로 오른쪽에 위치한 도착비자 사무실에서 발급받을 수 있다. 동반 가족이 있다면 대표자 1인이 영문이나 한자로 발급 서류를 작성한 후 여권을 제시하고 비용을 지불하면 된다. 도착비자는 관광비자에 비해 발급 비용이 저렴하고 미리 준비할 필요가 없다는 게 장점이지만, 현지 공항에서 처리 속도가 늦어 다소 오래 기다릴 수 있다는 게 단점. 에어부산의 경우 기내에서 도착비자 서식을 요청하면 샘플과 함께 서류를 받을 수 있어 착륙 전에 미리 작성해두는 게 가능하다.

- **준비물** : 여권사진 1장(여권사진이 없을 경우 촬영비 200元), 비용 168元(2017년 6월 기준, 카드 불가), 호텔 바우처
※ 관용 여권과 주민번호 뒷자리가 125, 225, 325, 425로 시작되면 발급이 불가능하다.

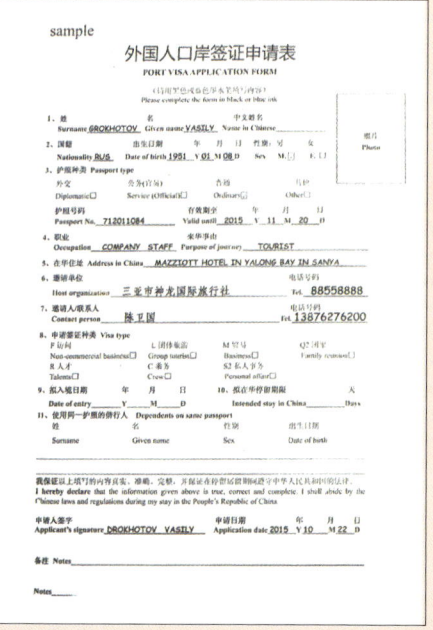

도착비자 서식

1. 성, 이름, 한자 이름
2. 국적, 생년월일, 성별
3. 여권 타입, 여권 번호, 유효기간
4. 직업, 여행 목적
5. 체류지 주소
6. 관계기관(여행 시 기재하지 않아도 무관)
7. 담당자 이름, 전화번호
8. 비자 유형
9. 입국 날짜
10. 체류 기간
11. 동반자 여권 정보

02 Hainan Transportation
시내로 이동하기

한국에서 싼야까지의 직항 항공편을 이용할 경우 대부분 새벽 시간에 도착해 공항버스나 시내버스 등의 대중교통을 이용하기가 어렵다. 공항에서 대기하고 있는 택시를 타거나 다소 비싸긴 하지만 호텔·리조트의 픽업 서비스를 이용하는 것도 방법이다. 싼야봉황국제공항에서 도심까지는 차로 약 30분 정도 거리이고, 야롱베이까지는 50분, 하이탕베이까지는 1시간 정도 소요된다.

택시

싼야봉황국제공항을 나오면 택시들이 줄지어 서서 여행객을 기다리고 있다. 미터기로 싼야 도심까지는 50~80元 내외이지만, 야롱베이나 하이탕베이까지는 원거리라 미터기를 켜지 않고 흥정하려는 택시들이 많다. 늦은 시간이다 보니 흥정을 오래 하기보다는 적정선에서 타협하는 편이 낫다. 한편, 중국 택시가 한국 택시보다 실내가 좁아 성인 4명이 타기엔 무리가 있으므로, 인원이 많을 경우에는 택시보다 호텔 픽업 서비스를 이용하는 게 좋다.

호텔 픽업 서비스

여행자가 묵기로 예약한 싼야의 주요 호텔과 리조트에 픽업 서비스를 신청할 수 있다. 이동 지역에 따라 한 대 당 200~400元 정도로 택시에 비해 다소 비싼 금액이지만 가장 편리하고 안전하다는 장점이 있다. 이 외에도 현지에 있는 한국여행사를 통해 픽업 서비스를 이용할 수 있다.

- 현지 여행사
  - 굿모닝 하이난 cafe.naver.com/single3
  - 싼야포유 sanya.co.kr
  - 헬로 하이난 cafe.naver.com/hainan026305802

공항버스

싼야봉황국제공항 2번 게이트 앞에서 공항버스를 이용해 해방로, 대동해, 야롱베이 등의 주요 리조트로 이동할 수 있다. 한국에서 직항 항공편을 이용했다면 보통 새벽 시간에 도착해 공항버스를 이용하기는 어렵지만, 공항에서부터 주요 도심을 연결하기에 시내 이동 시에 활용하면 편리하다.

- 운행노선 싼야봉황국제공항 → 해방로 → 대동해 → 야롱베이
  요금 15元
  운행 시간 09:30~(배차 간격 1시간)

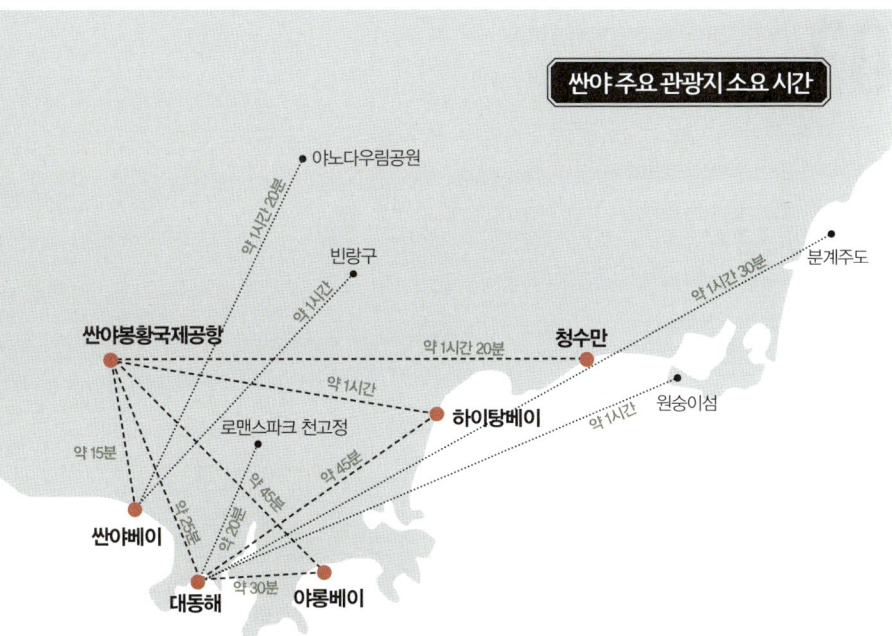

시내버스

싼야봉황국제공항 2번 게이트 앞에서 시내로 연결되는 3~4개의 버스 노선이 있다. 오전 6시부터 오후 11시 사이에 운행되며, 요금은 구간에 따라 4~10元 정도이다. 시내까지는 대략 30분 정도 소요된다.

운행노선
- 8번 공항 ⋯ 425군의병원 ⋯ 해월광장 ⋯ 푸싱지에 ⋯ 싼야시외버스터미널 ⋯ 일방백화 ⋯ 제일시장 ⋯ 녹회두 광장 ⋯ 대동해 광장
- 27번 공항 ⋯ 해월광장 ⋯ 야롱베이
- 32번 공항 ⋯ 425군의병원 ⋯ 해월광장 ⋯ 기차역 ⋯ 해항학교(맹그로브트리 리조트 근처) ⋯ 기공학교 ⋯ 공항

요금 4~10元
운행 시간 06:00~23:00

03 Hainan Transportation
시내교통

하이난 시내에서 이동할 때는 주로 시내버스, 택시, 오토바이를 이용한다. 싼야 도심이나 대동해의 경우 대중교통이 잘 되어 있는 편이라 택시나 시내버스를 이용하기 비교적 편리하며, 시내에서 다소 떨어져 있는 야롱베이와 하이탕베이에서는 택시를 좀 더 많이 이용하게 된다. 현지인들은 가까운 거리를 갈 때 택시보다 오토바이 택시를 더 많이 이용한다.

시내버스

하이난 싼야에는 50여 개의 버스 노선이 있는데, 주요 관광지와 연결되는 버스가 많아 활용하기에 편리하다. 특히 해방로를 중심으로 푸싱지에나 싼야시외버스터미널 앞에는 가장 많은 노선이 있어 하이난 전역으로 이동하기에 편리하다. 버스 요금은 구간에 따라 약 2~14元으로 기사에게 도착할 곳을 미리 말하면 거리에 맞게 요금을 알려준다. 주요 노선들을 익히면 시내버스로 자유로운 이동이 가능하다.

● 싼야 주요 관광지별 버스 노선
- 싼야봉황국제공항 8번, 27번, 29번, 32번, 33번
- 야롱베이(야롱완) 15번, 24번, 25번, 27번
- 하이탕베이(해당완) 28번, 33번
- 대동해 2번, 4번, 8번, 15번, 17번, 18번, 19번, 24번, 25번, 28번, 29번, 30번, 31번
- 푸싱지에 1번, 2번, 5번, 7번, 8번, 10번, 12번, 16번, 23번
- 남산사 16번, 25번, 29번, 57번
- 대소동천 21번, 25번, 29번
- 천애해각 16번, 24번, 25번, 26번, 29번
- 서도 16번, 24번, 25번, 29번
- 오지주도 28번

● 싼야 주요 버스 노선
- 2번
  푸싱지에 … 제일시장 입구 … 대동해
- 8번
  싼야봉황국제공항 … 싼야베이 주요 호텔 … 푸싱지에 … 제일시장 입구 … 녹회두 광장 … 대동해 광장
- 15번
  푸싱지에 … 녹회두 광장 … 대동해 광장 … 야롱베이
- 16번
  대소동천 … 남산사 … 천애해각 … 서도 선착장 … 푸싱지에 … 제일시장
- 25번
  대소동천 … 남산사 … 천애해각 … 서도 선착장 … 싼야베이 주요 호텔 … 썸머몰 … 야롱베이
- 26번
  천애해각 … 서도 선착장 … 봉황도 입구 … 제일시장 … 녹회두 광장 입구
- 28번
  봉황도 입구 … 대동해 … 오지주도 선착장
- 55번
  남산사 … 천애해각 … 서도 선착장 … 싼야역 … 파인애플몰 … 썸머몰 … 녹회두 광장

오토바이 택시

하이난에 오면 무수히 많은 오토바이 행렬을 만나게 된다. 싼야의 한낮은 가까운 거리도 걷기 힘들 만큼 너무나도 뜨거워서 현지인들은 이 오토바이 택시를 많이 애용한다. 뒷좌석에 우산이 달린 오토바이 택시는 푸싱지에나 제일시장, 싼야 강가, 싼야 해변에서 종종 만날 수 있는데, 보통 5~10元 정도면 이용 가능하다. 원칙적으로는 불법이기 때문에 사고가 나도 책임을 묻기 어렵고, 택시의 기본요금과 큰 차이가 없는 경우가 많으므로 여행자들은 웬만하면 택시를 이용할 것을 권한다.

택시

하이난에는 주황색, 파란색, 노란색의 택시가 있다. 기본 요금이 12元으로 비슷하고 서비스 면에서도 큰 차이가 없기에 어떤 색의 택시를 이용해도 무방하지만, 주황색 택시가 약간 저렴한 편이다. 주요 관광지 주변에는 미터기를 켜지 않고 가격을 흥정하는 택시들이 많은데 되도록 '미터기 택시'를 타고 내릴 때에는 영수증(发票 파피아오)을 요청하면 불필요한 바가지요금의 책임을 물을 수 있다. 영수증에 주행거리와 요금이 나오므로 추후에 책임을 물을 수 있기 때문이다. 현지인들은 주로 우버와 같은 개념의 '디디추싱(滴滴出行)'이나 '위챗' 등을 편리하게 이용하기도 하는데, 여행자의 경우 콜 서비스(96789)를 이용하거나 호텔 데스크에서 택시 콜서비스를 받으면 편리하다.

CDF 면세점 셔틀버스

싼야 도심에서 약 1시간 거리의 하이탕베이에는 세계 최대 규모의 CDF 면세점이 위치한다. CDF 면세점에서 총 3개 노선의 셔틀버스를 운행하는데, 이 셔틀버스는 주요 호텔에 정차하며 각 거점을 연결하고 있다. 인근에 위치한 웬만한 호텔 로비에 이 CDF 면세점 셔틀버스 배차 시간표가 붙어 있으니 참고하면 된다. 셔틀버스를 타고 녹회두 광장, 야롱베이, 오지주도 등으로 이동할 수 있다.

※ CDF 면세점 셔틀버스는 야롱베이의 주요 호텔에 대부분 정차하기 때문에 묵고 있는 호텔 로비에 미리 문의하고 예약하면 편리하다.

CDF 면세점 무료 셔틀버스 시간표

1 녹회두 광장 鹿回头广场 루후이터우광창
- 녹회두 광장 ⋯▶ CDF 면세점 09:30~18:30(1시간 간격)
- CDF 면세점 ⋯▶ 녹회두 광장 13:00~22:00(1시간 간격)

2 오지주도 蜈支洲 우즈저우
- 오지주도 ⋯▶ CDF 면세점 13:00, 16:00(1일 2회)
- CDF 면세점 ⋯▶ 오지주도 15:30, 17:00(1일 2회)

3 야롱베이 亚龙湾 야룽완
- 야롱베이 ⋯▶ CDF 면세점 10:00, 16:00(1일 2회)
- CDF 면세점 ⋯▶ 야롱베이 15:00, 20:00(1일 2회)

04 Hainan Transportation
일일투어 · 택시투어

싼야의 서쪽 해안과 도심 관광지는 버스나 택시 등 대중교통을 이용하기 편리하지만, 외곽의 관광지는 거리가 멀어 대중교통으로 이동하기가 힘들다. 여행 일정 중 하루 정도는 일일투어를 통해 효율적으로 관광을 즐겨보자. 일일투어는 개별 섬 투어, '빈랑구 + 원숭이섬', '남산사 + 천고정쇼' 등의 패키지로 구성된다.

한국여행사 일일투어

현지에 있는 우리나라 여행사에서 운영하는 투어로 팀을 꾸려 한 차로 움직이며, 차와 운전자, 입장료가 포함된 패키지다. 팀 구성을 위해 한국에서 출발하기 전에 미리 문의하고 예약해야 한다. 비용 면에서 다소 비싼 편이나 여행자 보험이 포함되고, 숙소 픽업, 티켓 예약 등이 한 번에 해결되어 편리하다.

- 쿠팡 하이난 '일일투어' 검색
  travel.coupang.com
- 굿모닝 하이난 cafe.naver.com/single3
- 싼야포유 sanya.co.kr

현지여행사 일일투어

하이난 도심에서는 일일투어 브로슈어를 흔하게 받아볼 수 있다. 입장료도 안 되는 가격에 가이드, 버스, 입장료, 점심, 체험 관광 등이 포함된 일일패키지다. 단, 기본적으로 중국 내국인을 대상으로 한 상품이기 때문에 연락 가능한 현지폰이 있어야 하고, 중국어가 가능해야 투어에 합류할 수 있다. 사고 시 보험 및 책임 문제의 소지가 있어 많은 고려가 필요하다.

- 해남중국청년여행사 海南中國靑年旅行社
  0898-3100-4298

리조트 일일투어

호텔, 리조트마다 프로그램이 다소 다르지만 자체 투어를 진행하는 곳이 꽤 많다. 교통편과 입장료, 보험이 포함되어 편리하게 이용할 수 있다. 호텔 프런트에 공지된 투어 일정과 시간을 살펴보고 신청하면 된다.

- 원덤 호텔 : 남산사, 오지주도 일일투어 진행
- 래플스 : 원숭이섬, 빈랑구 일일투어 진행
※ 각 리조트마다 프로그램 다름

택시투어

내가 원하는 곳을 자유롭게 여행하고 싶다면 택시투어도 고려할 만하다. 대략 하루에 400~500元의 가격으로 가고 싶은 관광지를 둘러볼 수 있다. 관광지 입장권은 따로 구입해야 하며, 투어를 시작할 때 비용의 반을 지불하고, 투어를 마무리할 때 나머지 반을 지불하는 형태다. 호텔 프런트를 통해 택시 섭외를 부탁할 수 있다.

05 Hainan Transportation
도시 간 이동하기

하이난에 일주일 이상 머물며 다른 도시로 여행할 때는 고속철이나 시외버스를 이용해 도시 간 이동을 하게 된다. 보통은 남부의 싼야에서 북부의 하이커우로 이동하는 경우가 대부분이고, 이밖에 보아오, 원창, 치옹하이 등을 여행할 때도 고속철이나 시외버스를 이용하면 된다.

고속철도

싼야에서 하이커우까지 약 2시간 만에 닿는 고속철이 있으며, 최근 싼야봉황국제공항까지 노선이 이어지면서 더욱 편리해졌다. 싼야를 기준으로 싼야공항역 – 싼야역 – 야롱베이 – 링수이 – 완닝 – 보아오 – 치옹하이 – 원창 – 메이란 – 하이커우 동역 순으로 정차한다. 고속철도는 우리나라의 KTX 기종으로 1등석의 경우 비행기 비즈니스석보다 넓고, 개인 좌석마다 아이패드가 갖춰져 있어 기차여행을 더욱 즐겁게 한다.
요금 1등석 95元, 2등석 80元(싼야 – 하이커우)

중국 철도 예약 사이트
- 중국 코레일 12306 www.12306.cn/mormhweb
- 씨트립 www.ctrip.co.kr/trains ※ 씨트립은 한국어 서비스가 가능해 편리하다.

시외버스

싼야에서 하이커우로 가는 버스가 20분에 한 대씩 있으며, 소요 시간은 약 4시간 정도이다. 싼야시외버스터미널은 규모가 매우 작고 소박하지만 하이커우뿐만 아니라 중국 대륙으로 가는 다양한 노선이 있어 늘 사람들로 북적인다. 중국 대륙으로 가는 시외버스 노선은 기본적으로 버스를 이용하면서 해안은 배로 갈아타 이동하는 방식이다.

- **싼야시외버스터미널**
위치 해방로 푸싱지에에서 도보 5분
주소 三亚市天涯区解放路425号 三亚汽车站
전화 0898-8825-2656

Hainan
Guide
하이난 가이드

Center of Sanya
싼야 중심

젊음의 열기 넘치는 비치 파라다이스

싼야 중심 지역은 싼야베이와 대동해 일대를 포함한다. 긴 해안선을 따라 유명 관광지와 리조트가 포진해 있고, 해안 가까운 도심에는 싼야 시민들의 일상이 그대로 엿보인다. 낮에는 야자나무 그늘에서 해수욕을 즐기고, 밤에는 야시장과 광장에서 밤의 열기를 느낄 수 있다. 싼야베이에서 가까운 해방로를 따라 제일시장, 푸싱지에 등 활기 넘치는 현지 분위기를 체험할 수 있고, 대동해 지역은 고급 리조트와 쇼핑센터, 레스토랑 등 편의시설이 밀집된 젊은 여행자들의 파라다이스로 불린다.

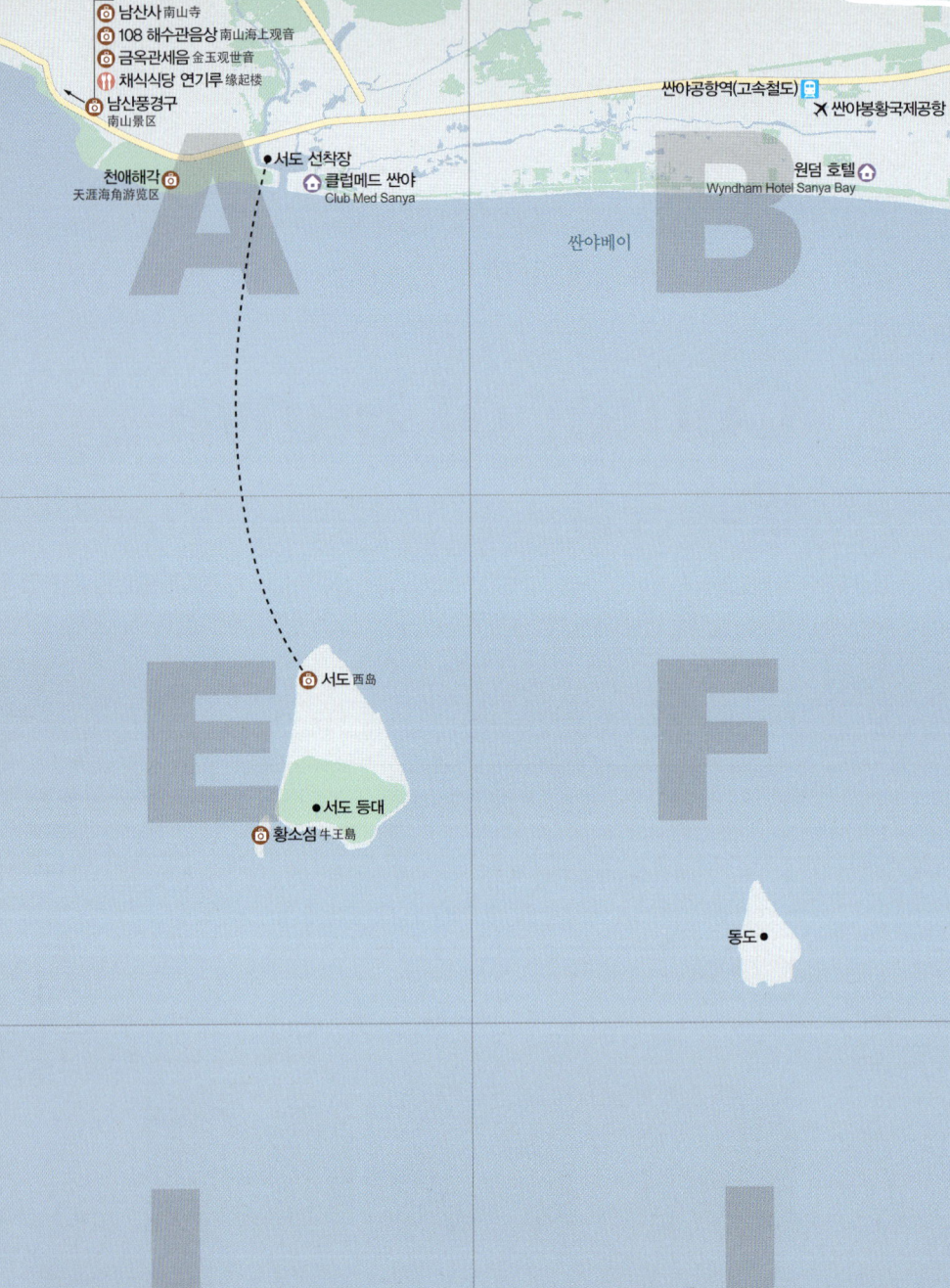

SIGHTSEEING

남산풍경구
南山文化旅游区 난산원화요용취

하이난 현지인들이 자신 있게 추천하는 대표 관광지. 이곳은 불교 문화와 열대 바다의 풍경, 역사 고적이 한데 어우러져 있는 대규모 공원 지구로 이를 통칭해서 '남산사'라고 부르기도 한다. 남산풍경구는 "이곳에서 하루 동안 마실 수 있는 공기는 다른 곳에서 400일 동안 마실 수 있는 공기와 맞먹는다"라 할 정도로 공기 좋은 명당에 위치하고 있으며, 세계 2대 청정 지역으로도 유명하다. 룸비니 동산을 그대로 옮겨온 듯 보리수나무와 야자나무로 가득해 이국적인 분위기가 물씬 풍긴다. 특히 남산사와 해수관음상이 있는 불교 문화 지구는 한 가지 소원을 이뤄준다고 해서 해마다 많은 불교 신자들이 방문하고 있다.

지도 P.86-A
교통 시내에서 16, 25, 55번 버스 타고 남산풍경구 입구 하차
주소 三亚市崖州区南山村 南山文化旅游区
오픈 08:00~17:30
요금 10~4월(성수기) 129元, 5~9월(비수기) 108元
※학생 50% 할인, 한국학생증 통용
전화 0898-8883-7899

ZOOM IN

SIGHTSEEING

남산사
南山寺 난산쓰

1200여 년 전 당나라 시대의 감진 스님이 일본에 불교를 전파하기 위해 바다를 건너려다 난파되어 이곳에 머물며 사찰을 지었는데, 이것이 남산사이다. 중국에서 "복을 빌려거든 동해에 가고, 무병장수를 빌려면 남산사에 가라"는 말이 있을 만큼 남산사는 건강을 소원하는 사람들에게 인기 있는 사찰이다. 중국 최남단인 남산에 있어서 '남산사'로 불리며 사찰의 규모가 크지는 않지만, 이곳에서 바라보는 남중국해의 풍광과 해수관음상의 모습은 장관이다.

> **Tip**
>
> ### 남산풍경구를 순환하는 전동차
>
> 남산풍경구는 규모가 상당하기에 걸어서 돌아보려면 하루도 부족하다. 여행자 대부분은 남산풍경구 내부를 순환하는 전동차를 이용하는데, 입장하면 바로 전동차 매표소가 보인다. 전동차는 남산풍경구의 각 스폿에 정차하는데 보통 첫 정차역에 우르르 내리지만, 효율적인 관람을 위해서 가장 안쪽에 위치한 남산사 주변를 먼저 보고, 금옥관세음을 거쳐 마지막에 108 해수관음상을 관람하는 코스가 효율적이다. 108 해수관음상은 언뜻 가까이 보이지만, 전동차 정차 후 대웅전까지 걸어서 왕복하는 데만 1시간 정도 소요되므로 여유를 가지고 둘러봐야 한다.
>
> **요금** 전동차 30元(키 120cm 이하 아동은 무료)

ZOOM IN

SIGHTSEEING

108 해수관음상
南山海上观音 난샨하이상관인

이곳의 랜드마크는 누가 뭐래도 본당 앞 광장에 있는 108 해수관음상이다. 바다 한가운데 우뚝 솟은 관음상은 높이가 무려 108m로, 뉴욕에 있는 자유의 여신상보다 16m가량 더 높다. 얼굴이 삼면으로 되어 있어 보는 각도에 따라 인자한 미소의 느낌이 다르다. 얼굴 뒷면의 금빛 후광은 240kg의 황금으로 만들어졌다고 한다. 삼면의 얼굴은 지혜, 자비, 평화를 뜻한다. 태풍의 피해가 잦았던 이곳에 108 해수관음상을 세운 후부터 피해가 많이 줄었다고 해서 더욱 신비하게 여긴다. 해수관음상 내부에는 대웅전이 위치하고, 엘리베이터를 타면 해수관음상의 발밑 전망대에 도달할 수 있다. 해수관음상의 발을 만지면 장수한다는 속설이 있어 많은 사람들이 발밑 전망대까지 올라가 머리를 조아리고 소원을 빌고 온다.

SIGHTSEEING

금옥관세음
金玉观世音 진위관스인

남산풍경구 안에서는 정통 불교와 티벳 불교까지 다양한 불교를 만나볼 수 있다. 티벳의 사찰을 옮겨온 듯한 금옥관세음에는 천수관음상이 모셔져 있어 신비로움을 더한다. 열대의 태양 아래 눈부시게 빛나는 모습이 이국적이어서 많은 관광객들이 남산사 다음으로 많이 들르는 곳이다. 금옥관세음 앞에는 티벳 불교에서나 볼 수 있는 황금빛 마니차를 만날 수 있다. 한 번 돌릴 때마다 경전을 한 번 읽는 효과를 준다고 해서 많은 사람들이 '마니차'를 돌리며 금옥관세음전을 돈다.

요금 내부 관람 시 20元

RESTAURANTS

채식식당 연기루
缘起楼 위엔치로우

남산사에 왔다면 꼭 들러야 할 식당. 각국의 TV프로그램에도 소개된 명품 레스토랑이다. 하이난을 찾는 유명인들이 반드시 찾는 명소로 꼭 채식주의자가 아니더라도 고기 맛이 나는 신기한 채식 요리의 향연이 즐겁다. 합리적인 가격에 수준 높은 중국 사찰 음식을 맛볼 수 있으며, 단품 요리는 물론 코스 요리까지 다양하게 구색을 갖추고 있다. 추천 메뉴로 꼽히는 고기 요리를 닮은 남산소병(南山素拼 난샨쑤핑)과 장어와 흡사한 교룡출해(蛟龍出海 찌아롱츄하이)는 꼭 맛보자.

교통 남산풍경구 입구에서 전동차 타고 연기루 정거장 하차
주소 三亚市崖州区南山文化旅游区内 缘起楼
오픈 10:30~14:30
요금 단품 요리 90元~, 남산소병 108元, 교룡출해 108元
전화 0898-8883-7920

SIGHTSEEING

천애해각
天涯海角游览区 티엔야하이지아오

지도 P.86-A
교통 시내에서 16, 26번 버스 타고 천애해각 하차
주소 三亚市天涯区 天涯镇马岭山麓
오픈 07:30~18:00
요금 85元
전화 0898-8859-2956

싼야시 서쪽 끝자락에 위치한 천애해각은 빼어난 자연경관과 사랑의 전설로 유명한 관광지. 웨딩 촬영을 하는 커플들의 명소이자 매년 11월 국제웨딩축제가 개최되는 곳이기도 하다.

옛날 '천애'와 '해각'이라는 연인은 원수 간이었던 두 집안의 반대를 피해 세상의 끝이라 여겼던 이곳으로 도망쳐 두 개의 큰 바위가 되었다고 전해진다. 그래서 수많은 연인들이 천애해각에서 사랑을 맹세한다. 과거 중국의 문인들이 유배의 서러움을 토하던 이곳은 이제는 연인들이 사랑의 밀어를 속삭이는 로맨틱한 휴양지로 변했다.

ZOOM IN

SIGHTSEEING

남천일주
南天一柱

천애해각의 해변에는 은색 모래사장 위에 수많은 바위들이 흩어져 있다. 각각의 거대한 바위에는 천애(天涯), 해각(海角), 남천일주(南天一柱) 등의 글자가 새겨져 있다. 옛날 이곳은 죄인이나 역모자들의 유배지였다. 힘든 여정길을 거쳐 이곳으로 온 사람들은 망망대해를 바라보며 "하늘가에 오니 바다의 끝이구나(到了天之涯, 海之角)"라고 한탄했다고 한다. '남천일주(南天一柱)'는 청나라 관리가 민심을 살피러 왔다가 이 바위의 광대함을 보고, 후에 사람을 시켜 "만사가 순조롭고 나라가 태평하고 풍요롭다"는 의미로 글을 새겼다고 한다. 이제 남천일주석은 중국 남쪽 끝의 상징으로 구폐인 2元의 뒷면 배경이기도 하다.

ZOOM IN

SIGHTSEEING

애정석
愛情石

천애해각 정문에 들어서면 먼바다에 우뚝 솟은 두 개의 거대한 바위를 볼 수 있다. 두 바위 중 하나는 일(日), 다른 하나는 월(月)이라는 글자가 석각되어 있어서 이를 '일월석(日月石)'이라고도 부르고, 두 바위가 교차하는 모양이 마치 손가락 하트 모양과 같아 '애정석'이라고도 부른다. 서로 기대고 있는 애정석은 천애해각의 인증샷을 찍는 포인트. 천애해각 곳곳에는 이렇게 사랑스러운 포토존이 많다.

SIGHTSEEING

문화장랑
文化長郎

천애해각 공원 내 문화장랑에서는 하이난 마오족의 다양한 수공예품을 만날 수 있다. 하이난의 마오족은 명대에 광시에서 하이난으로 이동해왔으며, 현재는 약 7만 명 정도로 대부분 남부 고산 지대와 리족 지구 주변에 살고 있다. 이들은 자수, 직물, 나염 등 직물 공예에 뛰어난데, 이곳 문화장랑에서 마오족의 솜씨와 하이난 전통문화를 모두 만날 수 있다.

SIGHTSEEING

대소동천
大小洞天 따샤오똥티엔

남산사에서 10분 거리, 싼야 시내에서 50분 거리에 위치해 있으며 송나라 때부터 빼어난 절경으로 유명했던 유서 깊은 관광지다. 전체 면적이 22.5㎢에 이르며, 수려한 경관의 열대 바다와 산으로 둘러싸여 있다. 인근의 남산사와는 달리 도교 문화의 흔적이 많이 남아 있다. 오랜 역사만큼 천 년이 넘은 나무들이 군락을 이루고, 바다 곳곳에 자리 잡은 바위도 운치를 더한다. 수많은 바위들 사이로 대소동천(大小洞天) 바위가 있는데 '소동천(小洞天)'이라고만 표기되어 있다. 대동천(大洞天) 바위는 분계주도 섬에 위치해 있다.

지도 P.82
교통 시내에서 25번 버스 타고 대소동천 하차
주소 三亚市崖州区崖城 大小洞天
오픈 07:30~18:30
요금 입장료 90元, 전동차 20元
전화 0898-8883-0188, 0898-8883-0335

SIGHTSEEING

서도
西岛 시따오

하이난 주변에는 유독 섬들이 많다. 인근 섬들의 경치가 빼어나 많은 여행자들이 섬에서 섬으로의 여행을 꿈꾼다. 서도는 싼야 베이에서 가장 가까워 부담 없이 들르기 좋은 섬. 서도 선착장에서 20분 정도 배를 타면 닿을 수 있는데, 국가 산호초 자연보호구로 지정된 서도 해역은 바다 밑을 투명하게 볼 수 있는 해양스포츠의 천국이다. 산호와 열대어들이 잘 보존돼 있으며 연평균 수온이 26℃ 정도로 따뜻해 스노클링, 다이빙, 서핑, 패러세일링 등 각종 해양스포츠를 즐기기에 좋다.

> **Tip**
>
> **섬 속에 섬, 황소섬** 牛王岛 우왕따오
>
> 서도가 해양스포츠의 천국이라면, 서도에서 연결되는 황소섬은 천천히 걸어서 산책하기에 좋은 더욱 작은 섬. 서도에서 왕복 전동차를 타면 황소섬에 닿을 수 있다. 섬이 아주 작은 크기라 야자수 사이로 난 길을 따라 금방 돌아볼 수 있다. 황소섬 중앙에는 황금빛 황소 동상이 반겨준다.
>
> **지도** P.86-E
> **교통** 서도에서 황소섬까지 왕복 전동차 이용
> **주소** 三亚市天涯区三亚旅游区西岛牛王岭景区
> **오픈** 08:00~17:30
> **요금** 입장료 무료, 왕복 전동차 40元
> **전화** 0898-8891-0888
>
>

지도 P.86-E
교통 싼야 시내에서 16번 버스 타고 서도 선착장 하차 후 배로 20분
주소 三亚市天涯区三亚湾路肖旗港码头
오픈 08:00~17:30, 배 운항 시간 08:30~16:30
요금 성인 148元, 아동 138元 (배표 포함)
전화 0898-8891-0888

[SIGHTSEEING]

싼야베이
三亞灣 싼야완

싼야 시내에서 가장 가까운 해변으로 22km의 긴 해안선을 가지고 있다. 서쪽 끝으로 천애해각과 남산사를 거쳐 대소동천까지 이어지고, 동쪽으로는 봉황도에 이른다. 기나긴 해안선을 따라 야자나무가 장랑처럼 길게 늘어선 모습이 장관이다. 동쪽 해안은 도심이 가까워 일상을 즐기는 시민들의 자연스러운 모습을 볼 수 있다. 서쪽 해안은 고급 아파트와 호텔들이 즐비한데, 덕분에 좀 더 휴양하기 좋은 바다를 만날 수 있다. 선셋이 아름다운 해안이자 매일 저녁 8시에 펼쳐지는 봉황도 레이저쇼도 잘 보인다. **지도** P.87-C

> Tip
>
> ### 싼야베이 헬리콥터 투어
>
> 헬리콥터를 타고 하늘에서 바라보면 긴 해안선을 자랑하는 싼야베이의 전경을 한눈에 담는 특별한 경험을 할 수 있다. 럭셔리한 호텔들이 해안가를 따라 넓게 펼쳐지고, 흰 백사장 위에서 웨딩사진을 찍는 사랑스러운 신혼부부의 모습도 보인다. 이용통용항공(海南三亞亚龙通用航空有限公司)은 싼야베이 → 봉황도 → 서도 → 천애해각 → 남산사 → 대소동천 등 싼야의 주요 관광지를 둘러볼 수 있는 헬리콥터 투어를 진행하고 있다.
>
> **지도** P.87-C
> **교통** 싼야 시내에서 8번 버스 타고 미려신해안소구(美丽新海岸小区) 하차 후 100m 이동
> **주소** 三亚市天涯区三亚湾部队机场斜对面100米
> **오픈** 매일 09:00~18:00(기상 상태에 따라 결항되기도 함)
> **요금** 1500~4000元(코스에 따라 다름)
> **전화** 0898-8839-1906, 0898-8881-6665

SPECIAL

싼야베이 일몰·야경 포인트 3

유독 해안선이 긴 싼야베이의 아름다운 일몰과 야경은 남중국해 최고의 낭만을 선사한다.
싼야베이 최고의 일몰·야경 포인트를 꼽아봤다.

1. 녹회두 공원 야경

가볍게 산책 삼아 오를 수 있는 녹회두 공원은 바라보는 방향에 따라 봉황도를 비롯한 싼야 시내 야경이 아름답게 담긴다.

2. 싼야베이 해안 일몰

해안선이 유독 길어 해안선 너머로 떨어진 일몰도 남다른 스케일이다. 여러가지 빛깔로 물들어가는 싼야만의 황홀한 하늘은 저절로 셔터를 누르게 만든다.

3. 봉황도 레이저쇼

두바이 부럽지 않은 호텔 건물에서 시시각각 다채로운 빛을 발산한다. 봉황도뿐만 아니라 싼야베이, 녹회두 공원 등 봉황도가 보이는 곳곳에서 레이저쇼를 감상할 수 있다.

SIGHTSEEING

봉황도
凤凰岛 펑황따오

싼야베이 동쪽 끝에 위치한 인공 섬이다. 봉황 둥지에 알을 낳은 모양으로 조성했다 해서 '봉황도'라고 불리고, 영문명으로 '피닉스 아이일랜드'라고도 불린다. 이곳에는 하이난의 타워팰리스라고 지칭하는 고급 아파트먼트와 리조트가 들어서 있으며, 섬 안으로 베트남과 타이완, 홍콩 등지로 운항하는 크루즈가 들어온다. 더불어 수영장, 승마장, 요트장 등을 함께 즐길 수 있어 싼야의 랜드마크라 할 만하다. 싼야베이의 긴 해안선이 펼쳐지고, 웨딩 촬영을 하는 커플들도 이곳을 찾는다. 봉황도를 즐기려면 이곳의 리조트에서 하루 정도 숙박해야 아름다운 뷰를 충분히 즐길 수 있다. 봉황도는 섬 입구에서 숙박권을 제시하고 전동차를 타고 들어가야 한다. **지도** P.87-G, 88-C

ZOOM IN

RESTAURANTS

봉황도 스카이라운지 루프탑바
凤凰岛度假酒店 天空酒廊

싼야의 야경을 완벽하게 즐길 수 있는 핫 플레이스. 봉황도 리조트 33층 꼭대기에 자리한 이곳은 현지인뿐 아니라 외국인들이 많이 이용하는 루프탑바. 밤문화가 그리 발달하지 않은 싼야에서 분위기를 내고 싶다면 단연 추천하고 싶은 곳이다. 시야가 탁 트인 루프탑바에서는 싼야의 시내와 해안선을 따라 들어선 호텔 야경이 한눈에 들어온다. 멋진 풍경을 배경 삼아 칵테일을 한잔 곁들이면 더 이상 부러울 것이 없다.

교통 싼야 시내에서 45번 버스 타고 봉황도 입구 하차, 입구에서 전동차 타고 봉황도 A동 하차
주소 三亚市天涯区三亚湾路凤凰岛A座(海洋之月) 33楼
오픈 18:00~01:00
요금 맥주 한 병 38元~
전화 0898-3299-7777

RESTAURANTS

봉황도 리조트 디너 바비큐 뷔페

阿莫尔全日制西餐厅

봉황도 리조트는 조식뿐만 아니라 디너 바비큐 뷔페도 인기가 좋다. 바다 전망의 레스토랑에서 직접 구워주는 바비큐를 먹으며 싼야를 여행하는 기분을 온전히 느낄 수 있다. 뷔페식 바비큐 외에도 예약제로 운영되는 레스토랑 요리들이 수준급이다.

교통 싼야 시내에서 45번 버스 타고, 봉황도 입구 하차, 입구에서 전동차 타고 봉황도 A동 하차
주소 三亚市天涯区三亚旅游区凤凰岛度假酒店1层
오픈 17:00~21:00
요금 디너 바비큐 뷔페 1인 343元~
전화 0898-3299-7777

SIGHTSEEING

로맨스파크 천고정
千古情景区 치엔꾸칭

테마 공원과 문화 공연장으로 이루어진 초대형 테마파크로 싼야의 만 년 역사와 문화를 엿볼 수 있는 곳이다. 화려한 입구부터 시선을 끄는데 중앙의 조각은 중국 남해의 여신을 형상화했고, 주변을 소수민족의 전통 문양으로 장식해 화려하면서도 웅장한 미가 돋보인다. 중국 5곳의 특색을 담아 연출한 천고정 송성가무쇼와 하이난 전통 가옥, 상점가, 전통 식당, 기념품점 등이 있는 소수민족 거리, 아이들과 둘러보기 좋은 동물원 등은 로맨스파크에서 꼭 경험해야 할 필수 코스. 로맨스파크 일대를 둘러보는 것만으로 하루가 충분히 채워질 만큼 다양한 콘텐츠를 지닌 종합 테마파크이다.

지도 P.87-D
교통 싼야 시내에서 1번 버스 타고 천고정(千古情) 하차
주소 三亚市吉阳区迎宾路333号
오픈 12:00~21:30
요금 천고정쇼 280元, 패키지 요금 : 천고정쇼 + 공원 한 곳(동물원, 혹은 워터파크) 340元, 천고정쇼 + 공원 두 곳(동물원 + 워터파크) 400元
전화 0898-8865-1234, 0898-8865-8333

ZOOM IN

오픈 매일 14:00, 17:00, 20:00 (입장 시 여권 지참 필수)
요금 280元

SIGHTSEEING

천고정 송성가무쇼

송성가무쇼는 영화감독 장이머우(張藝謀)가 중국 5곳(하이난도 그중 한 곳이다) 각지의 특색을 담아 연출한 쇼. '중국 사람이라면 일생에 한 번은 꼭 봐야 하는 쇼'라는 수식어가 항상 따라붙는 공연이다. 약 1시간 동안 하이난의 전통 문화와 역사를 담은 5개의 짧은 단막극이 차례로 이어진다. 객석이 좌우로 움직이고 바닥에서 꽃잎이 솟아나는 특수 효과는 좌석을 꽉 채운 2000여 명의 관객들이 끊임없이 탄성을 내뱉게 만든다. 중국어로 진행되지만 아이들도 내용을 이해하기에 큰 무리가 없다. 낙필동 역사, 여성 영웅 현부인, 해상 비단의 길, 감진 스님의 일본행, 녹회두 전설까지 총 5막으로 구성돼 있다.

ZOOM IN

SIGHTSEEING

소수민족거리

실제 하이난의 소수민족거리를 그대로 재현해 전통 식당과 길거리 음식, 소수민족들의 수공예품 등을 만날 수 있다. 알록달록한 색감의 거리 자체가 포토존으로 전통복장을 한 하이난 사람들이 포즈를 취해주고, 음악에 맞춰 흥을 돋우는 등 색다른 재미를 선사한다. 거리를 활보하며 간단히 식사하고 기념품을 쇼핑하면서 신기한 볼거리 또한 즐기면 된다. 천고정 송성가무쇼를 미리 예매한 후에 둘러보기에 좋다.

SIGHTSEEING

동물원·워터파크

울창한 숲을 재현해 놓은 동물원은 동선이 그리 크지 않아 어린 아이를 동반한 여행객에게 인기 만점. 나무 그늘을 따라 걷다 보면 플라밍고, 앵무새, 미어캣, 원숭이 등 작고 귀여운 동물은 물론 사자, 기린 등 몸집이 큰 동물도 만날 수 있다. 매일 13:30, 15:00, 16:00에 20분간 원숭이학교 공연이 시작되며 귀여운 원숭이들을 가까이에서 볼 수도 있다. 워터파크는 널찍한 인조 백사장과 유수풀을 갖추고 있는 가족 여행자들을 위한 로맨스파크 내 종합 테마파크.

오픈 동물원 10:00~18:00, 워터파크 11:00~21:00
요금 동물원 120元, 워터파크 150元

SIGHTSEEING

녹회두 공원
鹿回头公园 루이허터우 꽁위엔

해발 176m의 녹회두는 가벼운 산책 삼아 오를 수 있는 공원으로 싼야시의 전경을 한눈에 담을 수 있는 장소. 바다를 바라보며 해가 뜨고 지는 일출·일몰을 감상하기에 더없이 좋은 곳이다. 어두워진 후에는 산 아래 반짝이는 불빛과 싼야만의 야경을 감상하기에도 좋다. 싼야에서 가장 로맨틱한 장소이자 데이트 코스로 연인들에게 사랑받고 있다.

지도 P.87-H, 88-E
교통 싼야 시내에서 26번 버스 타고 녹회두 공원 하차
주소 三亚市吉阳区鹿岭路
오픈 07:30~22:00
요금 입장료 42元, 전동차 15元
전화 0898-8821-3740

ZOOM IN

SIGHTSEEING

관해정
觀海亭

녹회두 공원에서도 유명한 일몰 스폿. 해 질 무렵 아름다운 남중국해의 선셋을 담으려는 사진가들의 발길이 끊이지 않는다. 정자 아래로 대동해와 소동해의 바다가 펼쳐진다.

ZOOM IN

SIGHTSEEING
녹회두 동상

산 정상에 오르면 리족 청년과 선녀의 전설이 전해지는 녹회두 동상을 볼 수 있다. 옛날 오지산에서 한 리족 청년이 사슴 한 마리를 쫓다가 고개를 넘어 해변의 벼랑 끝에 도착했다. 그런데 갑자기 사슴이 고개를 들더니 아름다운 선녀로 변했고, 이 둘은 부부가 되었다고 한다. 훗날 이들이 자식을 낳아 리족촌을 형성하게 되었고, 이때부터 이 고개는 '녹회두령(鹿回頭嶺)'이라고 불리게 되었다. 이 전설을 담은 녹회두 동상의 정면은 아름다운 천상 선녀가 서 있고, 뒷면은 리족 청년의 모습을 하고 있다. 녹회두 동상 앞으로는 탁 트인 싼야 바다와 도심이 시원하게 펼쳐진다.

SIGHTSEEING
녹회두 슬라이드

가파른 녹회두의 언덕을 빠르게 내려갈 수 있는 방법, 바로 녹회두 슬라이드를 타는 것이다. 산 능선을 따라 미끄러지듯 내려갈 수 있는, 세상에서 가장 뷰가 좋은 슬라이드가 아닐까 싶다. 요금 30元

SIGHTSEEING

대동해 해수욕장
大东海 따통하이

대동해 해수욕장은 따뜻한 수온과 완만한 수심으로 해수욕하기에 가장 좋은 해변으로 알려져 있다. 반짝이는 백사장과 푸른 바다, 야자수가 어우러진 그림 같은 풍경이 이국적인 운치를 뽐낸다. 대동해 주변에는 카페와 식당들이 밀집해 있어 뜨거운 오후에도 야자수 그늘에서 여유와 낭만을 즐길 수 있다. 시내 관광지와도 가까워 여행자들에게 편리하고, 대동해 중심지라고 할 수 있는 썸머몰 주변에는 식당과 스파, 여행사, 쇼핑 스폿들이 밀집되어 있다. 썸머몰 뒤편의 제이슨 맥주광장은 해가 지고 나면 다국적 사람들이 모여 축제 분위기를 형성한다.

지도 P.87-H, 89-B
교통 싼야 시내에서 17번 버스 타고 대동해 광장 하차
주소 三亚市吉阳区东海路与榆亚路交汇处东南150米

SPECIAL

황홀한 야경 감상하는 싼야베이 유람선

싼야베이는 밤이 되면 해변을 따라 고급 호텔들이 내뿜는 불빛으로 더욱 화려해진다. 해 질 무렵이면 싼야베이의 야경을 보기 위해 나온 범선과 유람선, 페리 등 다양한 종류의 배들이 유유자적 바다를 오간다. 녹회두 광장 근처의 페리터미널에서 매일 저녁 유람선이 운항되며, 그중에서 전통 범선은 관광객에게 인기가 좋다. 싼야베이와 봉황도 쪽으로 운

항하는 유람선에 올라 아름다운 야경을 바라보며 음료와 과일, 해상 노래방을 즐길 수 있다. 아직 많이 알려지지는 않아 외국인보다는 중국인들이 더 많이 이용하는 분위기로 조용하게 야경을 감상하는 것은 기대하기 어렵다.

지도 P.88-F
위치 싼야 시내에서 2, 17번 버스 타고 싼야시민여객중심(三亚市民游客中心) 하차, 혹은 싼야 시내, 대동해에서 택시로 10분 **주소** 三亚市吉阳区南边海路公共码头
오픈 일반 유람선 18:30~19:45, 19:00~20:15, 20:00~21:15, 20:30~22:00, 전통 범선 17:40, 18:30 출발
요금 성인 168元, 키 120cm 이하 아동 무료, 키 120~140cm 아동 84元
전화 0898-3229-0994

SHOPPING

푸싱지에
步行街 푸싱지에

서울에 명동이 있다면 싼야에는 푸싱지에가 있다. 늘 명동처럼 사람이 북적이는 푸싱지에는 현대화된 상점과 진주를 판매하는 숍들이 거리의 중심을 채우고 있다. 하이난은 천연 수정과 진주가 생산되는 곳으로 유명한데, 이곳에서 진주를 비롯해 수정, 산호 등 퀄리티 좋은 주얼리 제품을 만나볼 수 있다. 푸싱지에 상점가 1층에는 맥도널드, 왓슨스, KFC, SPA 등 글로벌 브랜드 매장과 공예품 거리가 들어서 있고, 2층에는 의류와 잡화를 저렴하게 구매할 수 있는 상점가가 형성되어 있다. 뜨거운 낮보다는 밤이 될수록 볼거리가 더욱 많아지며, 싼야 여행에서 결코 빼놓을 수 없는 쇼핑 스폿이다.

지도 P.88-C
위치 해방로 맥도널드 근처
주소 三亚市天涯区解放路461麦当劳附近
오픈 10:00~22:00(주말에는 24:00까지)

SHOPPING

미니소
MINISO

중국 전역에 선풍적인 인기를 끌고 있는 미니소. 이제는 서울에까지 입성한 브랜드이다. 다이소처럼 저렴한 가격의 실용적인 물품을 판매하고 있어 가격 대비 만족도가 높다. 푸싱지에만 2개의 매장이 있으며, 중국 곳곳에서 쉽게 만날 수 있다. 상해와 일본의 자본으로 탄생된 미니소는 각 매장마다 진열된 상품들이 조금씩 달라 새로운 재미를 준다. 휴양지에 맞게 슬리퍼, 선글라스, 모기퇴치제 등 여행에서 필요한 물품을 미니소에서 쉽게 구매할 수 있다. 다양한 캐릭터 상품과 뷰티 아이템들이 특히 인기 상품이다.

지도 P.88-A
위치 해방로 푸싱지에
오픈 10:00~23:00
요금 10元~

SHOPPING

해남특산품점
海南特产超市 하이난트어산차오스

열대 기후인 하이난에서는 자체 생산되는 코코넛, 커피, 후추, 과일가공품 등의 특산품을 쉽게 구매할 수 있다. 푸싱지에 거리 끄트머리에 위치한 해남특산품점은 규모가 큰 만큼 다양한 제품을 만날 수 있는 곳. 하이난의 특산품 중 남국(南國)과 춘광(春光) 양대 브랜드가 유명한데, 이들 브랜드 제품뿐 아니라 하이난에서만 구매할 수 있는 주류와 고정차 등 다양한 특산품의 구색을 잘 갖춰 놓았다. 시식도 부담 없이 할 수 있어 둘러보는 것만으로 재미있다.

지도 P.88-C
위치 푸싱지에 KFC 맞은편 1층
주소 三亚市天涯区胜利路472
오픈 09:00~22:00
요금 코코넛 가루(무가당) 25元~, 망고젤리 15元~
전화 189-7699-6818

SHOPPING

왕하오마트
旺毫超市 왕하오차오시

해외여행에서 생활 물가 탐방은 또 다른 재미다. 왕하오마트는 푸싱지에와 가까운 곳에 위치한 대형마트로 하이난의 생필품이 모두 모여 있다. 과일, 반조리 식품, 주류, 특산품 등 없는 게 없고 가격 또한 저렴해 여행 중 먹거리 장을 보기에도 좋다. 무엇보다 해방로의 중심에 있어 쇼핑 후에 리조트로 이동하기에도 좋은 위치이다.

지도 P.88-C
위치 싼야시외버스터미널(汽车总站) 옆, 푸싱지에 도보 3분
주소 三亚市天涯区解放路415号
오픈 09:00~22:30
전화 0898-8836-6683

SHOPPING

제일시장
第一市场 띠이스창

제일시장은 싼야 최대의 해산물 시장으로 해산물을 직접 골라 근처의 식당에서 취향에 맞게 요리해 먹을 수 있는 곳으로 유명하다. 제일시장 주변으로 자릿세와 조리비 정도만 받고 맛있게 해산물을 요리해주는 식당들이 늘어서 있다. 가게마다 호객 행위가 심하기에 흥정은 필수. 최근에 리모델링을 통해 깔끔하게 정돈된 제일시장은 해가 지고 나서 더욱 활기를 띤다. 해산물 외에도 근처의 과일시장이 유명해서, 전국 각지에서 제철과일을 구매해 가기도 한다. 제일시장 2층은 의류와 물놀이 용품 등 다양한 품목을 취급하는 종합시장이다. 제일시장 주변으로 싼야 강변이 가까워 야시장이 펼쳐지면 흥겨우면서도 운치 있다.

지도 P.88-C
교통 싼야 시내에서 1, 2, 16, 17번 버스 타고 제일시장 하차 후 도보 5분
주소 三亚市天涯区新建街 155号
오픈 제일시장 06:00~20:00(제일시장 주변 야시장은 23:00까지)

SPECIAL

제일야시장의 명물 거리

1. 해산물식당 거리

해산물식당 거리의 가공점(加工店)

● **오소반** 吴小胖 海鲜加工店 우샤오팡
주소　三亚市天涯区新民街130号1-2楼
오픈　10:00~22:00
전화　188-7608-4713

● **해미해선** 海米海鲜 하이미하이시엔
주소　三亚市天涯区新民街160号
오픈　11:00~22:00
전화　0898-8823-1891

● **삼아아랑** 三亚阿浪 海鲜加工店 싼야아랑
주소　三亚市天涯区区新民街117号(近第一市场)
오픈　09:30~22:30
전화　139-7628-2664

싼야에서 가장 신선한 씨푸드 요리를 즐길 수 있는 제일시장의 해산물식당 거리. 30여 개의 해산물 식당이 야시장 골목을 빼곡하게 채우고 있다. 노점에서 간단히 해산물 꼬치구이를 즐겨도 좋지만, 시장 내 수산 코너에서 직접 구매한 해산물을 자릿세와 조리비 정도 받고 그 자리에서 요리해주는 가공점(加工店)에서 제대로 즐겨볼 만하다. 호객 행위가 심하고 가격도 무척 저렴하다고 볼 수는 없지만, 현지 분위기를 느끼면서 신선한 해산물을 맛볼 수 있어 인기 있다. 해산물은 보통 찌거나 구워서 먹으며, 하이난 맥주 한 잔 곁들이는 것도 잊지 말자.

2. 타투 거리

제일시장 거리에는 작은 글자부터 큰 그림까지 타투를 체험할 수 있는 가게들이 많다. 트렌디한 문양에서 귀여움 돋는 패턴까지 다양한 도안을 골라 휴양지에서 멋부림할 수 있다. 동남아의 타투와 다르게 디테일하고 공들여 새겨주기에 만족도가 높다. 작은 도안은 25元부터 시작하며 크기에 따라 가격이 다르다.

3. 의류 거리

하이난은 소수민족 문화의 영향으로 화려하고 독특한 패턴의 직물이 많고 면제품을 비롯한 의류의 퀄리티도 높은 편. 제일시장 2층과 야시장 의류 노점에서는 알록달록한 휴양지 패션의 원피스, 수영복, 반바지 등을 저렴하게 구매할 수 있다. 3벌에 100元 정도면 휴양지 패션을 완성할 수 있다. 흥정은 필수.

SHOPPING

과일시장
水果市场 수이구어스창

열대과일이 풍성한 하이난은 거리 곳곳에 과일가게가 풍성하지만, 그중에서도 단연 이곳이 압권. 최근 리모델링한 제일시장 건물 외부를 둘러싸고 있는 과일 도매시장은 제철 과일을 사가려는 전국 각지의 관광객들로 붐빈다. 우리나라 제주도에서 한라봉을 사서 육지로 보내듯 이곳 사람들은 망고를 박스로 포장해 고향에 택배로 선물한다. 당도가 높은 망고나 잭푸르츠 등의 열대과일을 값싸게 구매할 수 있으며, 먹기 좋게 손질된 과일을 종류별로 조금씩 구매할 수도 있다.

지도 P.88-C
교통 싼야 시내에서 1, 2, 16, 17번 버스 타고 제일시장(第一市场) 하차 후 도보 5분
주소 三亚市天涯区新建街155号
오픈 제일시장 06:00~20:00 (제일시장 주변 야시장은 23:00까지)

SHOPPING

썸머몰
夏日百货 시아르바이휘

대동해의 중심이자 만남의 장소 같은 곳으로 싼야에서 최고급 백화점에 속한다. 다양한 브랜드 상품이 입점되어 있고, 1층에는 피자헛과 하겐다즈, 제이슨 맥주광장, 2층에는 스타벅스, 4층에는 고급 식재료마트, 5층에는 한식 레스토랑 등이 위치해 있다. 썸머몰 근처에는 다양한 레스토랑, 마트, 현지 여행사 등이 밀집해 여행자들의 걸음이 끊이지 않으며, 다양한 정보를 얻고자 한다면 역시 썸머몰 근처가 최고다. 교통편도 좋아서 대부분의 버스가 썸머몰 앞을 지난다.

지도 P.89-B
교통 싼야 시내에서 2, 15, 17번 버스 타고 썸머몰(夏日百货) 하차
주소 三亚市吉阳区海韵路1号
오픈 10:00~22:00

SHOPPING

파인애플몰
大菠萝 따뽀로

대동해 광장 앞에는 굉장히 독특하고 눈에 띄는 건물이 있다. 대동해를 여행하는 사람이라면 누구나 황금빛 파인애플몰 앞에서의 인증샷이 필수다. 없는 게 없는 파인애플몰은 음식 백화점이라 불릴 만큼 다양한 레스토랑이 입점해 있어 골라 먹는 재미가 있다. 1층에는 맥도널드, 왓슨스, 미니소가 있고, 2층에는 대형마트가 입점해 있어 생필품과 간식 등을 구매할 수 있다. 3층에는 북카페와 공차가 있으며, 4층 식당가에는 세계 각국의 음식점과 영화관, 키즈카페 등이 입점해 있어 뜨거운 낮시간을 보내기 좋은 곳이다.

지도 P.89-C
교통 시내에서 15, 17, 24번 버스 타고 대동해 광장 하차 후 도보 3분
주소 三亚市吉阳区大东海区榆亚路136号一号港湾城
오픈 10:00~22:00
전화 0898-8884-4888

SHOPPING

대동해 대형마트
生活超市 성훠차오스

베리 부티크 씨뷰 호텔 지하에 위치한 대형마트이다. 대체로 가격이 저렴하고, 없는 게 없을 정도로 품목이 다양하며 규모가 크다. 한국식 반조리 식품에서 기저귀, 조리기구까지 휴양지에서 필요한 다양한 제품을 만날 수 있다. 주류와 음료 코너가 잘 되어 있으며, 하이난에서만 만날 수 있는 야자 음료가 종류별로 구비되어 있다. 1+1 행사 등 각종 프로모션 행사가 다양해 장 보는 재미가 있다.

지도 P.89-B
위치 대동해 베리 부티크 씨뷰 호텔 지하 1층
오픈 08:30~23:00

RESTAURANTS

희희다찬청
喜喜茶餐厅 씨씨차찬팅

중국 전역에서 인기가 많은 홍콩 딤섬 전문점이다. 우리 입맛에 맞는 샤오롱바오 등 다양한 딤섬류를 판매한다. 메뉴판이 사진으로 되어 있어 선택이 편하고, 커플과 가족 단위 손님들이 즐겨 찾는 맛집이다. 싼야에는 진륜양광백화점, 대동해 썸머몰, 아롱베이 백화구 등에 여러 지점을 두고 있다. 대동해 썸머몰 지점이 가장 여유로운 식사가 가능한 편이다.

지도 P.89-B
위치 대동해 썸머몰 5층
주소 线三亚市吉阳区海韵路1号 5层
오픈 11:00~21:30
요금 단품요리 25元~, 딤섬류 30元~
전화 0898-8881-2358

RESTAURANTS

두로방
逗捞坊 또우라오팡

두로방은 현지 젊은이들 사이에 인기 있는 샤부샤부집이다. 인테리어가 트렌디하고 1인 1냄비의 포트에 샤부샤부를 취향껏 즐길 수 있는 게 장점. 개인의 취향에 맞게 소스를 조합해서 만들 수 있고, 음료와 후식을 샐러드바 형태로 먹을 수 있다. 해산물과 소고기, 양고기, 야채 등 먹음직스러운 메뉴가 사진 메뉴판으로 안내돼 있어 음식을 주문하기 편리하다.

지도 P.88-C
위치 푸싱지에 상점가 4층
주소 三亚市天涯区解放二路520号4层
오픈 11:00~21:30
요금 1인 예산 90元~
전화 0898-8827-2112

RESTAURANTS
허니문디저트
满记甜品(步行街店) 만지티엔핀

푸싱지에 거리에는 인기 프랜차이즈 식당들이 많다. 허니문디저트는 홍콩에서 망고팬케이크로 유명해져 중국, 타이완, 싱가포르까지 진출한 브랜드. 달콤하고 부드러운 망고 펜케이크뿐만 아니라 다양한 디저트 음료를 판매한다. 야롱베이 바이화구(百花谷), 스다이하이안(时代海岸), 해방로 푸싱지에(解放路步行街) 세 곳에 지점이 있으며, 이곳은 푸싱지에를 바라보며 디저트 즐기기에 좋은 지점이다.

지도 P.88-C
위치 푸싱지에 정문 미니소 2층(푸싱지에점)
주소 三亚市天涯区解放路475号步行街A栋2层1号
오픈 09:30~24:00
요금 망고팬케이크 芒果班戟 24元, 디저트류 20元~, 음료 15元~
전화 0898-8869-1928

RESTAURANTS
58도씨
58度C 우스빠두씨

타이완 브랜드의 밀크티 전문점이다. 푸싱지에 안쪽에 위치한 58도씨는 저렴한 가격에 맛있는 밀크티와 과일 음료를 맛볼 수 있어 추천할 만하다. 코코(COCO) 같은 브랜드는 싼야에서 쉽게 만날 수 있지만, 58도씨는 하이난에서도 여기가 유일하다시피 하다. 밀크티뿐 아니라 생과일 주스, 생과일 아이스크림도 함께 판매하는데, 모두 달콤하고 맛이 좋다.

지도 P.88-C
위치 푸싱지에 상점가 미니소 앞
주소 三亚市天涯区解放路步行街b023号奶茶店
오픈 08:30~23:00
요금 밀크티 12元~, 생과일 아이스크림 20元~
전화 0898-8825-2511

RESTAURANTS
타이망고
太芒了 타이망러

중국 전역에서 유행하고 있는 망고주스 체인점이다. 싼야의 거리를 걷다 보면 모두들 먹음직한 타이망고를 하나씩은 들고 있다. 싼야 도심 곳곳에서 쉽게 만날 수 있는 타이망고는 통통 튀는 비주얼로 여행객을 유혹한다. 생크림과 망고 과육을 듬뿍 얹은 생망고주스 큰 사이즈는 2~3명이 먹을 만큼 양이 많다. 인증샷용으로 좋으나 생각처럼 달지 않아 실망할 수도 있다. 푸싱지에 거리에만 2개의 지점이 있다.

지도 P.88-C
교통 푸싱지에 상점가 미니소 앞
주소 三亚市天涯区步行街对面解放路小吃城右侧入口左边第四家
오픈 09:30~23:30
요금 생망고음료 芒果沙冰 30元~
전화 153-3893-9221

RESTAURANTS
어주
御厨自助火锅烧烤(步行街店) 위츄

고기와 생선 구이, 훠궈 요리를 한자리에서 먹을 수 있는 뷔페식 식당이다. 1인 78元으로 고기와 생선을 마음껏 맛보고, 훠궈까지 함께 즐길 수 있는 가성비가 좋아 현지인들에게 인기 있다. 시끌벅적한 분위기로 여행객들보다는 현지인들이 많이 찾는 곳이다.

지도 P.88-C
위치 푸싱지에 상점가 4층
주소 三亚市天涯区解放路步行街4层(屈臣氏附近)
오픈 11:30~21:00
요금 1인 78元~
전화 0898-8826-6264

RESTAURANTS
해방로 미식성
解放路小吃城 카이팡지에 사오츠청

싼야의 메인 거리인 해방로 주변에는 KFC, 맥도널드 등 프랜차이즈부터 현지 음식을 다양하게 맛볼 수 있는 맛집이 곳곳에 포진해 있다. 특히 해방로 미식성은 입구가 작아 그냥 지나칠 수도 있지만 일단 들어서면 빠져나오기 힘든 현지 음식의 향연이 이어진다. 해산물, 꼬치구이, 샤부샤부, 과일 등 30여 개의 식당이 한곳에 밀집되어 있어 현지인들의 먹거리 문화를 엿볼 수 있다. 푸드코트처럼 자리를 잡고 음식을 셀프로 주문하는 시스템이다. 다양한 해산물 요리와 현지 음식을 한자리에서 즐길 수 있어 여행자에게 음식 탐방 코스로 좋지만 실내가 다소 덥고, 위생적이지는 못한 부분이 아쉽다.

지도 P.88-A
위치 푸싱지에 입구 정문에서 해방로 대로 건너편 골목
주소 三亚市天涯区解放路小吃城内
오픈 09:00~23:00
요금 망고조개볶음 30元, 굴구이 10元, 단품류 20元~

RESTAURANTS

푸싱지에 미식성
步行街小吃城 푸싱지에 사오츠청

푸싱지에 정문 오른쪽 골목에 위치한 이곳도 다양한 현지 음식을 판매하고 있다. 음식 재료를 보고 바로 고를 수 있어 메뉴판이 필요 없고, 가격이 명시되어 있어 주문하기 편리한 시스템이다. 관광객뿐만 아니라 현지인들도 찾는 곳으로 간단한 면류에서 해산물전골, 구이 등 다양한 요리를 맛볼 수 있다. 주로 해산물전골과 하이난 특색 요리를 많이 찾는다.

지도 P.88-C
위치 푸싱지에 입구 정문에서 오른편 골목
주소 三亚市天涯区解放路汽车大厦一层(解放路步行街 대면)
오픈 09:00~22:00
요금 단품류 25元~, 해산물전골 45元~
전화 138-7687-6299

RESTAURANTS

남국야자닭
三亚南国椰子鸡 남구어야자즈

중국의 앱 '티투'에서 추천하는 현지인 맛집 1위. 육질이 쫄깃한 하이난의 닭과 야자 과육에 여러 가지 채소를 함께 넣어 샤부샤부처럼 즐기는, 우리나라의 '닭한마리' 같은 요리가 남국야자닭이다. 열대

지방인 하이난에서 보양식처럼 먹는 요리로, 현지인들도 이를 맛보기 위해 기꺼이 줄 서기를 마다하지 않는다. 3~4인이면 야자닭 '중'자에 다양한 야채와 두부피, 면, 야자밥 등을 함께 주문해 푸짐하게 즐길 수 있다. 한국인들의 입맛에도 잘 맞고 새콤달콤한 소스와 함께 곁들이면 더욱 맛있다.

지도 P.88-A
위치 르파커 호텔에서 도보 7분, 성시공원(城市乐园) 맞은편
주소 三亚市天涯区河西路221号(明珠广场)
오픈 11:00~22:00
요금 야자닭 중(3~4인) 128元~, 야자밥 15元
전화 0898-8836-1059

[RESTAURANTS]

해아식당
海亞餐厅 하이야찬팅

제대로 된 원창닭(文昌鸡)을 맛보고 싶다면 단연 이곳! 하이난의 4대 미식으로 꼽히는 원창닭, 동산양, 허러게, 지야지 오리고기 등을 맛있게 요리하는 싼야의 대표 식당이다. 큰 규모의 식당으로 아래층은 단품 위주의 식사를 하고, 2층은 단체룸을 갖추고 있다. 현지 요리의 향이 다소 강한 편이라 한국인에게는 호불호가 갈릴 수 있으나, 본고장의 음식을 경험하기에 좋은 레스토랑이다. 싼야에서 건축 양식이 가장 독특한 곳으로 꼽히는 뷰티크라운 그랜드트리 호텔 맞은편에 위치해서 저녁에 방문하면 번쩍번쩍한 야경이 또 하나의 볼거리. 예약은 필수다.

지도 P.88-B
위치 뷰티크라운 그랜드트리 호텔 맞은편
주소 三亚市吉阳区新风街138号(明日大酒店对面)
오픈 09:00~21:00
요금 원창닭 128元(반 마리 68元)
전화 0898-8836-2388

[RESTAURANTS]

야어당
椰语堂 예위탕

싼야 강가 근처의 진륜양광(金润阳光)백화점 1층에 위치한 칭부량 전문점이다. 칭부량(清补凉)은 하이난 곳곳에서 쉽게 만날 수 있는 전통 디저트로 야자와 곡물, 과일 등을 넣어 만든 빙수. 길거리에서도 쉽게 맛볼 수 있지만, 인테리어가 깔끔하고 실내에 에어컨도 빵빵한 야어당에서 싼야 강가를 바라보며 여유롭게 즐길 수 있다. 칭부량 외에도 과일 주스나 망고케이크 등 다양한 디저트를 맛볼 수 있다.

지도 P.88-A
위치 진륜양광백화점 1층
주소 三亚市天涯区三亚河西路金润阳光一楼A110号
오픈 10:00~23:30
요금 칭부량 20元~
전화 0898-8825-2902

`RESTAURANTS`

진운로태파단단면
秦云老太婆担担面

하이난은 더운 지방이라 화끈한 사천 요릿집을 쉽게 찾아볼 수 있다. 탄탄면은 매콤하면서도 고소해 우리 입맛에도 잘 맞는 사천요리. 진륜양광백화점 1층 위치한 이곳은 중국 전역에 체인을 둔 탄탄면 전문점으로, 탄탄면과 함께 야자를 주문해서 함께 먹는다. 매콤한 사천식 탄탄면과 입안을 개운하게 하는 통야자의 궁합이 좋다.

지도 P.88-A
위치 진륜양광백화점 1층
주소 三亚市天涯区三亚河西路金润阳光一楼
오픈 10:00~23:30
요금 사천탄탄면 18元~, 통야자 15元~
전화 0898-8825-2902

`RESTAURANTS`

금매원
金迈圆烤肉(三亚湾店) 진메이위엔

봉황도 입구에 위치한 한국식 구이 전문 식당이다. 생선과 고기, 야채 등을 마음대로 담아와 구워서 먹고, 샤부샤부로도 즐길 수 있는 뷔페식당이다. 다양한 식재료를 담아 취향에 맞게 조리해 먹을 수 있어 편하고, 한국요리를 단품으로 주문할 수 있어 익숙한 음식이 당길 때 좋다.

지도 P.88-C
위치 봉황도 버스정류장 건너편
주소 三亚市天涯区三亚湾路6号
오픈 11:00~21:30
요금 1인 저녁 뷔페 78元~, 비빔밥 22元~
전화 0898-8883-8866

`RESTAURANTS`

해남래바
海南来吧(春园店) 하이난라이바

퓨전화된 하이난 요리뿐 아니라 다양한 중식 요리를 맛볼 수 있는 캐주얼한 레스토랑이다. 현지 하이난 요리에 풍성한 소스를 곁들이는 등 외국인들도 먹기 편하게 요리하는 게 특징이다. 신선한 해산물을 눈으로 볼 수 있는 수족관을 갖추고 있으며, 해산물에 버터나 마늘 소스를 듬뿍 얹은 요리도 맛있다.

지도 P.88-A
위치 르파커 호텔에서 도보 3분
주소 三亚市天涯区春园路二巷20号(格林豪泰酒店旁)
오픈 10:00~22:30
요금 단품류 50元~
전화 1579-902-0202

RESTAURANTS

홍태양

红太阳(滨海店) 홍타이양

싼야에는 중국의 동북 사람이 운영하는 동북 요리점이 많다. 동북 요리에 속하는 꿔바로우나 위샹로스 같은 요리는 우리에게도 익숙해 무난하게 성공적인 식사를 할 수 있다. 홍태양은 봉황도 입구에서 위치해 해변가의 낭만과 봉황도의 이국적인 야경을 즐기기에도 좋다. 2층은 룸 형태로 운영되어 가족과 함께 조용한 식사를 할 수 있는 것도 장점.

지도 P.88-C
교통 봉황도 버스정류장 건너편 도보 3분
주소 三亚市天涯区三亚湾路13号
오픈 10:00~22:00
요금 야채요리 20元~, 고기요리 54元~
전화 0898-8826-1998

RESTAURANTS

익룡 해경어촌

益龙海景渔村 이룡

봉황도 입구에 위치한 고급 해산물 식당이다. 해산물을 정찰제로 판매하고 있어 바가지요금을 걱정할 일 없고, 바닷가와 봉황도를 바라보며 여유로운 식사를 할 수 있다. 현지에서는 접대나 회식을 목적으로 많이 찾는 식당으로 2층 룸은 예약이 필수다. 가격대가 좀 높은 편이지만, 제대로 된 해산물 정찬을 즐기고 싶다면 추천하고 싶은 맛집이다.

지도 P.88-C
위치 봉황도 입구
주소 三亚市天涯区光明街2号
오픈 09:30~21:30
요금 해산물 시가
전화 0898-8883-6789

RESTAURANTS

룡상해선
龙翔海鲜(三亚湾路) 룽샹하이션

이웃하고 있는 익룡 해경어촌과 쌍벽을 이루는 고급 해산물 식당이다. 봉황도 입구에 위치해 뷰가 좋아 입과 눈이 즐겁다. 바다와 바로 인접한 만큼 해산물이 매우 신선한데, 수족관에서 직접 해산물을 골라 취향에 맞게 요리해 즐길 수 있는 것도 특별하다. 전복 요리가 특히 맛있다.

지도 P.88-C
위치 봉황도 입구
주소 三亚市天涯区三亚湾路凤凰岛转盘入口处(近凤凰岛跨海桥)
오픈 11:00~22:00
요금 전복 시가 1kg 50元~
전화 0898-3280-0999

RESTAURANTS

려매매 식당
黎妹妹风情餐厅 리메이메이펑칭찬팅

썸머몰 맞은편에 위치한 현지 식당으로 다양한 하이난 요리를 간단하게 맛볼 수 있다. 하이난편뿐 아니라 칭부량 등의 디저트까지 다양한 현지 메뉴를 갖추고 있다. 현지 분위기를 풍기는 인테리어와 외국인에 대한 친절한 서비스가 장점이다. 하이난편 등의 면 요리는 한국인 입맛에도 잘 맞는 편.

지도 P.89-B
교통 썸머몰 건너편
주소 三亚市吉阳区榆亚大道海韵路2-1号(建设银行旁)
오픈 11:00~22:00
요금 면류 18元~, 칭부량 15元~, 단품 요리 25元~
전화 0898-8839-1188

RESTAURANTS

제이슨 맥주광장
云厨房 啤酒美食广场 윈츄팡 피지오메이스꽝챵

썸머몰 뒤편의 널찍한 광장은 밤이 되면 시끌벅적한 축제의 장으로 변신한다. 오후 6시부터 활기를 띠는 이곳은 수제 맥주 브루어리와 20여 개의 음식점이 밀집되어 있는 광장형 야시장이다. 요리를 즉석에서 주문하고 자리 번호를 알려주면, 앉아 있는 자리로 서빙해주는 시스템이다. 밤이 깊어지면 라이브 공연과 댄스 파티 등 다양한 공연들이 시작되고, 다국적 사람들과 어울려 맛있는 맥주를 즐길 수 있다. 러시아인들이 많아 러시아 음악에 맞춰 춤을 추기도 한다. 음악과 공간, 분위기가 어우러져 저녁 시간을 보내기에 좋은 곳이다.

지도 P.89-B
위치 썸머몰 뒤편 광장
주소 三亚市吉阳区吉阳镇大东海夏日百货
오픈 17:00~23:00
요금 해산물 접시당 20元~, 단품 요리 25元~

ZOOM IN

RESTAURANTS

수제맥주공장
雅赫手工啤酒

제이슨 맥주광장에서 손꼽히는 수제맥주 전문점으로 독일식 맥주 브루어리를 그대로 옮겨 놓은 듯한 광경이 독특하다. 바에서 직접 주조한 수제맥주를 브루어리에서 바로 내려 주는 시스템으로, 주로 독일 맥주를 판매하며 레드, 옐로우, 그린, 블랙의 네 가지 맥주 중에 선택할 수 있다. 병맥주를 마시고 싶다면 근처의 소매점에서 따로 사와서 자리를 잡고 먹으면 된다.

지도 P.89-B
위치 썸머몰 뒤편 제이슨 맥주광장 중앙
주소 三亚市吉阳区吉阳镇大东海夏日百货
오픈 17:00~23:00
요금 수제맥주 550mL 22元, 1000mL 38元, 3500mL 130元

RESTAURANTS

장묘묘 식당

张猫猫的店(海韵路店) 짱마오마오

귀여운 고양이 모양의 간판이 눈길을 끄는 장묘묘 식당은 하이난 전통요리를 간편하게 즐길 수 있는 트렌디한 레스토랑이다. 야자밥과 하이난 치킨라이스, 생선튀김 등 로컬푸드를 가볍게 즐길 수 있다. 아기자기한 카페 인테리어로 여성 고객들에게 인기가 좋으며, 단품요리로 메뉴가 구성되어 혼밥을 즐기기에도 좋다.

지도 P.89-B
위치 썸머몰 건너편
주소 三亚市吉阳区吉阳区海韵路2-2号
오픈 11:00~22:00
요금 단품류 25元~, 하이난 치킨라이스 30元~
전화 0898-8821-1220

RESTAURANTS

충칭훠궈집

重庆刘一手火锅(大东海店) 총칭료이쇼우훠궈

중국에 오면 꼭 먹게 되는 훠궈. 충칭훠궈집은 하이난 곳곳에 분점을 둔 훠궈 맛집으로 저녁 시간에 가면 줄을 서야 할 정도로 인기가 높다. 육수는 마라탕, 칭탕(맑은탕) 모두 맛있으니 반반씩 주문해서 다양하게 즐겨도 좋다. 소고기, 양고기 등과 야채를 넣어 푸짐하게 즐길 수 있는데, 메뉴 번호 179번의 배추(娃娃菜), 197번의 팽이버섯(金针菇), 201번의 튀긴두부피(炸豆皮)는 한국인의 입맛에도 잘 맞아 꼭 주문하는 토핑이다.

지도 P.89-B
위치 대동해 KFC 옆 건물
주소 三亚市吉阳区榆亚路86号海天荟源大厦1层
오픈 10:00~22:30
요금 2~3인 예산 180元~
전화 0898-8866-8585

RESTAURANTS

돌핀

DOLPHIN 海豚美式餐厅体育酒吧 돌핀

대동해에서 외국인들에게 인기 있는 수제 햄버거집이다. 제대로 된 수제버거를 즐길 수 있는 캐주얼 펍 레스토랑으로 '씨트립 싼야 맛집' 2위에 오를 만큼 현지에서도 유명하다. 수제 버거와 스테이크, 피자 등을 맛볼 수 있으며 수제 맥주도 맛있다. 손님의 반 이상이 외국인이며, 영어가 통해서 편하게 주문할 수 있다. 돌핀버거와 맨해튼 몬스터버거가 인기 메뉴이다.

지도 P.89-B
위치 썸머몰 대로 맞은편
주소 三亚市吉阳区大东海榆亚路99-8号
오픈 11:30~23:00
요금 돌핀버거 65元, 수제버거 세트 88元~
전화 0898-8821-5700

RESTAURANTS

동북교자관
东北交子馆 똥베이찌아오즈관

썸머몰 맞은편, 돌핀 옆에 위치해 외국인들이 많이 찾는 동북음식점이다. 중국의 동북요리는 한국인들의 입맛에 잘 맞는 편으로, 동북식 교자가 맛있고 꿔바로우나 감자볶음, 가지요리 등 밥반찬으로 어울리는 요리들이 많다. 사진 메뉴판이 있어 주문하기 편리하며, 테이크아웃이 가능해 포장해오기에도 편리하다. 특히 저녁 시간에는 자리가 부족할 만큼 붐비는 편이라 서두르는 게 좋다.

지도 P.89-B
위치 썸머몰 대로 맞은편
오픈 10:00~22:00
요금 꿔바로우 49元, 물만두 20元~
전화 0898-8823-9773

RESTAURANTS

충칭반점
重庆饭店 충칭판디엔

식사류에서 술안주까지 사천식 매콤한 요리를 즐길 수 있다. 골목에 위치한 작은 식당이지만 신선한 해산물을 그 자리에서 바로 조리하며 저렴한 가격으로 해산물 요리를 즐길 수 있어 인기 있는 맛집. 2~3인이 약 200元 정도면 푸짐한 해산물 요리를 맛볼 수 있다.

지도 P.89-B
위치 썸머몰 뒤편, 노란 간판 집
주소 三亚市吉阳区蓝海巷 1-2
오픈 11:00~23:00
요금 새우, 전복, 망고조개 무게로 책정
전화 186-9657-5861

| RESTAURANTS |

장량마라탕
長亮 麻辣烫 장량마라탕

대동해 곳곳에 사천요리 식당이 많은데, 장량마라탕은 작은 가게이지만 특히 손님들의 발길이 끊이지 않는 현지인 인기 맛집. 재료의 종류가 워낙 다양하고, 원하는 재료를 골라 담으면 마라소스로 요리해서 바로 내어주는 시스템으로 무게에 따라 요리 가격이 책정된다. 매콤한 맛으로 중독성이 강하며, 탕면과 볶음 형태 등으로 다양하게 즐길 수 있다.

지도 P.89-B
위치 썸머몰에서 도보 3분
주소 三亚市吉阳区吉阳镇大东海榆亚路96号 海天荟源后院
오픈 09:00~02:00
요금 무게로 책정 500g 20元~
전화 189-7692-4565

| RESTAURANTS |

동해용궁
東海龙宫 동하이롱공

대동해 해변가에 위치한 오랜 내공을 자랑하는 해산물 식당이다. 홀이 야외로 트여 있어 선선한 남중국해의 바람을 만끽하며 식사할 수 있는 게 매력이다. 관광지이니만큼 해산물 요리가 저렴하진 않지만, 재료가 매우 신선하고 바다를 가까이에 두고 식사할 수 있는 장점이 돋보인다.

지도 P.89-B
위치 대동해 해변가, 인타임 리조트 앞
주소 三亚市吉阳区大东海旅游区海花路21号
오픈 11:30~23:00
요금 해산물 시가(1인 예산 150元~)
전화 0898-8867-5518

RESTAURANTS

반산반도 미식광장
半山半岛美食广场 반산반따오메이스꽝창

중국 각지의 요리와 한식 메뉴에 디저트까지, 다양한 요리를 한자리에서 즐길 수 있는 푸드코트이다. 특히 사천식 국물 요리와 하이난 현지 메뉴가 인기 있다. 인테리어가 깔끔하고 오픈 주방이라 조리 과정을 직접 볼 수 있으며, 여러 가지 단품 요리를 다양하게 맛보는 재미도 있다. 아침 일찍 오픈해서 조식을 해결하기에도 좋다.

지도 P.89-B
위치 인타임 리조트에서 도보 3분
주소 三亚市吉阳区街道大东海海花路蓝海豪苑6号和弘国侨宾馆一楼
오픈 06:00~22:30
요금 단품류 30元~, 면 요리 20元~

RESTAURANTS

태이
太二 타이얼

파인애플몰 4층 엘스컬레이터 입구에 위치한 이 집은 늘 대기하는 손님들의 줄이 길다. 요즘 중국에서는 사천식 생선요릿집의 인기가 범상치 않은데, 태이 역시 인기몰이를 주도하는 사천요릿집. 먹기 좋게 발라낸 생선살에 뜨거운 고추기름을 부어 매콤하면서도 부드러운 생선요리를 내놓는다. 깔끔한 인테리어와 세련된 테이블 플레이팅, 아기자기한 식기까지 어느 곳에나 정성을 들여 젊은층이 특히 좋아한다.

지도 P.89-C
위치 파인애플몰 4층
주소 三亚市吉阳区榆亚路大东海一号港湾城4楼
오픈 11:00~14:00, 17:00~21:00
요금 생선요리 78元~
전화 159-7531-6620

RESTAURANTS

장자고어
匠子烤鱼 장즈카우위

중국에서 한창 폭풍적인 인기를 끌고 있는 사천요리 전문 식당이다. 생선을 숯불에 초벌구이해서 다시 매운 양념으로 조리한 다음 넓은 철판 용기에 내는 요리가 인기 있는데 우리 입맛에도 잘 맞는 편. 야채와 버섯, 떡, 당면 등을 추가해 함께 먹으면 더 맛있는 요리. 매운맛의 정도를 선택할 수 있으며, 혼자보다는 여럿이 즐길 수 있는 요리다. 경쾌한 음악과 트렌디한 인테리어도 돋보인다.

지도 P.89-C
위치 파인애플몰 1층
주소 三亚市吉阳区大东海区榆亚路136号 一号港湾城一楼
오픈 11:00~21:30
요금 카오위(烤鱼) 한 마리 138元~
전화 0898-8868-5577

RESTAURANTS

마마수
妈妈秀 마마수

떡볶이, 김밥, 라볶이 같은 가벼운 분식류를 먹을 수 있는 한국식 분식점이다. 다양한 한국의 맛으로 현지인에게도 인기가 많고, 분식뿐만 아니라 식사류까지 다양하게 구색을 갖추고 있다. 참고로 파인애플몰에는 먹쉬돈나, 설빙, 아자아자(부대찌개) 등 많은 한식 브랜드들이 있다.

지도 P.89-C
위치 파인애플몰 1층
주소 三亚市吉阳区一号港湾城一楼
오픈 10:00~21:00
요금 냉면류 26元~, 돌솥비빔밥 29元~
전화 0898-8827-8155

RESTAURANTS

1898카페
一八九八 咖啡館 이빠지우빠 카페이관

대동해 주변에서 메리어트나 인터컨티넨탈 등 초특급 리조트를 제외하면 대동해 전경을 볼 수 있는 곳이 그리 흔치 않다. 베리 부티크 씨뷰 호텔 20층에 위치한 1898 카페는 대동해 전망을 시원하게 즐기는 카페. 브런치 타임에는 애프터눈 티 메뉴를 선보여 반응이 좋다. 커피나 브런치 메뉴는 기대에 미치지 못하지만, 대동해를 한눈에 바라볼 수 있는 전망 하나만으로 기분 좋아진다.

지도 P.89-B
위치 베리 부티크 씨뷰 호텔 20층
주소 三亚市吉阳区海韵路16号 柏瑞精品海景酒店 20層
오픈 11:00~21:00
요금 애프터눈 티 1인 68元~
전화 0898-8888-8808

RESTAURANTS

동북왕
东北王 똥베이왕

싼야에는 동북 지역에서 이주해온 중국인들이 많아 동북요리점이 많은 편이다.
동북요리는 향신료가 적게 들어가 우리 입맛에도 잘 맞는 편인데, 동북왕은 대동해에서 가장 한국인에게 인기 있는 맛집. 파인애플몰 맞은편에 위치해 찾기 쉽고, 특히 꿔바로우(锅包肉)가 맛있다.

지도 P.89-C
교통 파인애플몰 대로 맞은편
주소 三亚市吉阳区榆亚路139号华鑫达豪庭一层
오픈 10:00~22:00
요금 단품 요리 15元~, 꿔바로우 32元~
전화 177-7687-0759

RESTAURANTS

이콰토우푸
一块豆腐 ONE Tofu 이콰토우푸

'두부 한 모'라는 뜻을 가진 이름처럼 싼야에서 꽤 이름난 두부 요리 전문점. 직접 만든 수제 두부에 다양한 중국식 소스를 부어 건강하고 매력적인 맛을 선보인다. 본래 싼야 외곽에 위치한 본점이 유명하지만, 대동해 파인애플몰에 위치한 분점도 들르기에 편하다. 우리 입맛에도 대체로 잘 맞으며, 두부요리 외에도 다양한 메뉴를 갖추고 있다.

지도 P.89-C
교통 파인애플몰 4층
주소 三亚市吉阳区吉阳区1号港湾城购物中心二期四层06号商铺
오픈 10:00~22:30
요금 두부와 세 가지 소스 35元, 단품 요리 26元~, 마파두부 52元~
전화 0898-8888-1717

NIGHTLIFE

시대해안 클럽거리
时代海岸酒吧街 스따이하이안지우바지에

싼야 강가를 따라 유람선들이 정박된 선착장 주변을 걷다 보면 화려하게 반짝이는 클럽거리를 마주하게 된다. 열 개가 넘는 크고 작은 클럽들이 밀집되어 있는 이곳으로 매일 밤 현지인과 다국적 여행자들이 몰려든다. 맥주 한 잔 시켜놓고 여기저기 클럽을 옮겨 다니며 이국적인 분위기를 만끽해보는 재미가 있다.

지도 P.88-F
위치 제일시장에서 도보 10분, 싼야대교 건너편 유람선 선착장
주소 三亚市吉阳区榆亚路与鸿洲路交叉口西150米

NIGHTLIFE

소호
苏荷 Soho 쑤허

제일시장에서 싼야 강변 쪽으로 걷다 보면 불야성 같은 곳과 마주하게 된다. 소호는 싼야에서 가장 물 좋기로 이름난 클럽이다. 하이난은 야시장 외에 나이트라이프가 그리 발달하지 않은 편인데, 새벽까지 흥겨운 분위기를 느낄 수 있어 언제나 젊은이들의 발길이 끊이지 않는다. 신나는 디제잉과 더불어 이국적인 밤을 보내기에 좋다.

지도 P.88-F
위치 제일시장에서 도보 10분, 푸싱지에 · 대동해에서 택시 10분
주소 三亚市吉阳区三亚旅游区榆亚大道时代海岸酒吧街1号
오픈 19:00~02:00
요금 맥주 20元~
전화 0898-8860-0959

NIGHTLIFE

88 클럽
88酒吧 빠빠지우빠

싼야 강변에는 K-TV 등 여러 개의 나이트클럽이 성업 중인데, 그중에서도 88클럽은 클래식하고 세련된 인테리어가 돋보이는 곳이다. 인근에 있는 '소호'가 혼자서도 즐길 수 있는 클럽이라면, 88 클럽은 단체가 함께 즐기기에 적합하도록 룸 형식으로 특화되어 있다. 주로 성인쇼 형태의 공연이 열려 30~40대 이상의 연령대가 놀기 좋은 클럽이다. 반바지에 슬리퍼 차림보다는 남방이나 원피스 등 조금은 갖춰 입고 가는 편이 좋고, 술값과 자릿세가 다른 클럽에 비해 다소 비싼 편.

지도 P.88-F
위치 제일시장에서 도보 10분, 푸싱지에 · 대동해에서 택시 10분
주소 三亚市吉阳区时代海岸酒吧街
오픈 19:30~02:00
전화 0898-8860-1266

SPA

만다린 더 스파
文华东方酒店健身中心 The Spa

지도 P.89-F
위치 싼야 시내에서 택시 5분
주소 三亚市吉阳区三亚旅游区榆海路12号文华东方酒店(近大东海)
오픈 11:00~23:00
요금 오리엔탈 에센스 마사지 18만 원~
전화 0898-8820-9999

'아시아 최고의 스파 서비스 Top 10'에서 6위를 차지할 만큼 세계적인 스파. 만다린 오리엔탈 리조트를 단지 스파 때문에 찾는 사람이 있다고 할 만큼 스파 프로그램의 퀄리티가 압도적이다. 다양한 프로그램 중에서 전문의가 진행하는 '중국 의학 치료 마사지'가 이색적이고, '오리엔탈 에센스 마사지'가 가장 인기 있다. 18개의 트리트먼트 룸과 8개의 개별 빌라에서 최고급 스파 서비스를 받을 수 있다. 나에게 최고의 호사를 선물하고 싶다면 만다린 더 스파를 추천한다.

SPA

반얀트리 스파
悦榕 spa, Banyantree spa

지도 P.89-A
위치 반얀트리 리조트 내
주소 三亚市吉阳区鹿回头鹿岭路6号悦榕庄度假酒店
오픈 리조트 내에서 예약
요금 950元~
전화 0898-8860-9988

고급 풀빌라 반얀트리에서 운영하는 스파인 만큼 최상의 서비스를 받을 수 있다. 사방이 시원스럽게 트인 8개의 야외 파빌리온에서 스파를 받을 수 있으며, 90분, 2시간, 3시간, 7시간 풀코스 등 다양한 프로그램을 갖추고 있다. 가장 인기 있는 3시간 코스는 발마사지부터 바디스크럽, 클렌징, 헤어마사지, 아로마 바쓰 등으로 구성돼 있어 최상의 만족을 준다. 신혼여행객들에게 주목받는 리조트이니 만큼 프라이빗한 분위기에서 오붓하게 커플 스파를 받아보는 것도 좋겠다.

SPA

복기반산반도
福记伴山伴岛足道浴馆 푸치반산반따오

대동해 해변에 새로 오픈한 발마사지숍으로 정갈한 분위기에서 다양한 코스의 서비스를 받을 수 있다. 예약 없이 가도 무리 없을 만큼 규모가 큰 것이 장점. 5~6가지 코스의 다양한 마사지 중에 선택할 수 있으며, 정찰제가 원칙이라 바가지 쓸 염려도 없다. 대동해 해변이 가까워서 바로 근처에서 식사하고, 해변도 구경하고, 마사지까지 받을 수 있는 풀코스 동선으로 좋은 위치에 있다.

지도 P.89-B
위치 대동해 인타임 리조트에서 도보 3분
주소 海南省三亚市市辖区海花路17-1号
오픈 11:00~23:00
요금 발마사지 90분 108元, 110분 158元
전화 0898-8822-7515

SPA

푸쵸우 마사지
富桥足浴 푸쵸우

푸쵸우는 중국 전역에 무려 3000여 개의 가맹점을 갖추고 주식 상장까지 한 프랜차이즈 마사지숍. 그중에서 싼야 대동해에 있는 푸쵸우 마사지는 썸머몰 맞은편에 위치한 장점 때문에 이용하기 편리하다. 자체 마사지 교육을 통해 직원을 관리하는 체계적인 시스템으로 어느 지점에서 마사지를 받더라도 서비스 만족도가 높은 편이다. 가족끼리는 따로 룸을 배정해주어 오붓하게 마사지받기에도 좋다.

지도 P.89-B
위치 썸머몰 대로 맞은 편, 돌핀 레스토랑 2층
주소 三亚市吉阳区三亚旅游区榆亚路97号
오픈 11:00~23:00
요금 발마사지 90분 118元
전화 0898-8855-6600, 176-0899-9044

SPA

티엔잉
天鹰按摩 티엔잉

싼야 도심의 다양한 마사지숍 가운데 푸쵸우와 티엔잉은 발마사지계의 양대 산맥과 같은 곳. 두 곳 모두 검증된 프랜차이즈 숍으로 숙소에서 가까운 곳을 이용하면 되는데, 티엔잉은 특히 도심 쪽에 있어 시내 관광 중 한 번쯤 들리기에 좋은 위치다. 하이난에서 가장 오래된 마사지숍 중 한 곳으로 그 내공이 느껴진다.

지도 P.88-C
위치 푸싱지에서 택시 5분
주소 三亚市天涯区西河西路祥泰大厦1-2楼(市政府第二办公楼旁)
오픈 11:00~23:00
요금 발마사지 120분 168元~
전화 0898-8828-2753

> STAYING

클럽메드 싼야
Club Med Sanya 싼야뚜지아춘

'한국에서 가장 가까운 클럽메드 리조트'라는 자체 홍보 문구가 매우 매력적으로 다가오는 고급 리조트. 객실 내의 품격도 특별하지만 클럽메드의 명성에 걸맞은 널찍한 수영장과 다채로운 액티비티 프로그램이 돋보인다. 윈드서핑, 패러세일링 등의 해양 스포츠를 비롯해 보기만 해도 아찔한 공중그네 등을 전문 강사의 강습을 받으며 즐겨볼 수 있다. 게다가 이런 레포츠 강습을 포함한 각종 프로그램이 기본 객실료에 포함된 것도 장점. 전 일정 식사와 리조트 내 서비스를 포함하는 올 인크루시브(一价全包) 서비스를 선보이고 있기 때문이다. 메인 레스토랑인 싼야 플레이버를 비롯해 고메이 라운지 등에서 신선한 재료로 준비한 중국 전통 요리와 세계 각국의 별미, 해산물 요리 등을 즐기고 미니바, 라운지바, 풀바, 비치바 등에서 칵테일, 와인, 맥주 등을 마시는 것도 호사스럽다. 특히 리조트에서 직접 제조한 수제 맥주는 맛보지 않으면 후회할 클럽메드의 자랑이다.

지도 P.86-A
위치 싼야베이 서쪽 해변, 싼야봉황국제공항에서 택시 10분
주소 三亚市天涯区三亚湾路236号 Club Med 三亚度假村
요금 3박 기준 61만7000원~(준성수기 주말 기준)
전화 0898-3889-8888
홈피 https://www.clubmed.co.kr/

> STAYING

윈덤 호텔
Wyndham Hotel Sanya Bay
윈더무지우디엔

싼야봉황국제공항과 매우 가까운 위치라 하이난 여행의 시작과 마지막에 숙박하기 좋은 5성급 호텔. 기본 룸이 널찍한 데다가 키즈카페를 비롯해 북카페, 스파, 수영장 등의 부대시설이 충실히 갖춰져 있어 가족 단위 여행객에게 특히 사랑받는 가성비 좋은 호텔이다. 영화관, 마트, 식당가 등이 지척에 있고, 남산사와 서도, 천애해각 등 관광지로의 이동이 편리한 최고의 위치로 깨끗한 싼야베이의 서쪽 해안을 바라볼 수 있다. 전용 비치까지는 셔틀버스를 운행하고 있다.

지도 P.86-B
위치 싼야베이 서쪽 해변, 싼야봉황국제공항에서 택시 10분
주소 三亚市天涯区新城路93号 三亚丽禾温德姆酒店
요금 수페리어 베이룸 7만9000원~, 프리미엄 씨뷰 9만3000원~(준성수기 주말 기준)
전화 0898-8865-6666

STAYING

풀만 리조트
Pullman Oceanview Sanya Bay Resort
완하이주보얼만뚜지아우디엔

세계적인 브랜드 '아코르' 계열의 리조트로 한국의 가족 단위 여행객들이 선호한다. 한국인 관광객을 위한 골드카드 서비스를 선보이고 있으며, 리조트의 모든 객실이 전면 바다 전망으로 설계되어 룸이 넓고 시원하게 느껴진다. 싼야베이에 프라이빗 비치를 갖고 있어 오붓하게 바다를 즐기기 좋고, 리조트 내에서 워터 스플래시, 정글짐, 당구, 포켓볼, 골프, 사격 등의 레포츠를 즐길 수도 있다. 트램펄린이나 키즈카페 시설도 잘 되어 있다. 특히 수영장 주변으로 오래된 야자나무들이 많아 뜨거운 낮에도 그늘 아래서 수영을 즐기기 좋다. 일반 호텔 객실은 물론, 3룸 풀빌라와 3베드 아파트먼트를 갖추고 있어 가족 구성원과 기호에 따라 다양한 룸을 선택할 수 있다. 리조트 17층의 레드선 바에서 바라보는 싼야베이의 일몰도 일품이다.

지도 P.87-C
위치 싼야베이 서쪽 해변, 싼야봉황국제공항에서 택시 20분
주소 三亚市天涯区三亚湾路158号 三亚湾海居铂尔曼度假酒店
요금 수페리어 가든뷰 10만2000원~, 그랜드 오션뷰 12만5000원~(준성수기 주말 기준)
전화 0898-8828-8888
홈피 http://pullman-go.co.kr/

STAYING

오션 소닉 리조트
Sanya Bay Ocean Sonic Resort
하이윈뚜지아지우디엔

유람선 모양으로 디자인된 오션 소닉 리조트는 싼야봉황국제공항과 시내에서 가깝고, 바다 전망 수영장을 갖춘 합리적인 가격의 리조트이다. 객실마다 발코니에 욕조를 갖추고 있어 바다를 보며 여유로운 스파를 즐길 수 있고, 이밖에 테니스장, 비치발리볼 경기장 등 다양한 스포츠 시설과 수영장, 키즈클럽 등의 부대시설이 잘 갖춰져 있다. 선뜻 이용하기 부담스러웠던 널찍한 패밀리룸을 합리적인 가격대에 이용할 수 있어 가족 여행자들이 선호한다. 'Remove Vanity Fair, Return the soul here'라는 오션소닉의 모토처럼 싼야베이를 바라보며 근심 없이 푹 쉬기 좋고, 웨스턴 레스토랑과 광동요리를 전문으로 하는 중식당이 있어서 취향대로 골라 먹을 수도 있다.

지도 P.87-C
위치 싼야베이 서쪽 해변, 싼야봉황국제공항에서 택시 15분
주소 三亚市天涯区三亚湾路168号 三亚海韵度假酒店
요금 디럭스 오션뷰 10만4000원~, 2베드룸 패밀리 스위트 17만5000원~(준성수기 주말 기준)
전화 0898-8838-8888

STAYING

뷰티크라운 그랜드 트리 호텔
Beauty Crown Grand-Tree Hotel
메이리쯔꽌따쇼우지우디엔

봉황도 리조트 만큼이나 독특한 외관으로 눈길을 사로잡는 호텔. '애플트리'라는 애칭을 가진 이 호텔은 정말로 레고블럭을 쌓아 거대한 트리를 만들어 놓은 듯한 외관이 무척 아름답다. 밤이 되면 반짝반짝 그 존재감이 더욱 빛난다. 9개 동의 건물에 총 6680개가 넘는 객실을 보유하고 있으며, 무한한 상상력을 자랑하는 외관과는 다르게 룸은 소박한 편. 객실 사이즈가 다소 작아서 가족 단위보다는 커플, 혹은 비즈니스 목적일 때 적합하다. 라스베이거스 쇼나 로맨스파크 등까지 거리가 가까운 편이라 도심에서 엔터테인먼트를 즐기기에 적합하다. 꼭 숙박하지 않더라도 이곳에 들러 인증샷을 남기는 것만으로 좋은 추억이 된다.

지도 P.87-H
위치 싼야봉황국제공항에서 택시 20분, 푸싱지에서 택시 10분
주소 三亚市吉阳区新风街与凤凰路交汇处 三亚美丽之冠大树酒店
요금 수페리어 트윈베드 3만9000원~(준성수기 주말 기준)
전화 0898-3100-0979

STAYING

맹그로브트리 리조트

Mangrove Tree Resort World Sanya 완훙슈린뚜지아스지에

마카오의 베네시안 리조트보다 더욱 큰 규모를 자랑하는 하이난의 초대형 복합 리조트. 멀리서 보면 붉은색 건물이 성처럼 둘러싸고 있어 웬만한 서울의 아파트 단지보다 더 압도적인 규모로 느껴진다. 맹그로브트리 리조트는 싼야 도심과 야롱베이에 각각 위치해 있는데, 싼야 도심의 리조트는 마치 괌 PIC처럼 대형 워터파크, 테마파크가 함께 있어 액티비티를 즐기는 가족 여행자들에게 인기 만점. 리조트 중심에는 중국 최대의 워터파크를 비롯해 쇼핑가, 3D영화관, 예술관, 중국 최초의 카지노바 등의 부대시설을 갖추고 있다. 객실이 무려 4000여 개, 식당만 70여 개에 이를 만큼 규모가 커서 여유롭게 묵으며 한·중·일식은 물론, 태국, 이탈리아, 프랑스 등 세계 각국의 요리를 입맛대로 즐길 수 있다. 비치와 멀다는 것이 단점이지만, 초대형 규모의 부대시설을 한 곳에서 누릴 수 있는 편리함이 있다. 한편, 야롱베이의 맹그로브트리 리조트는 골프 코스를 즐기는 휴양형 리조트 콘셉트로 운영되고 있다.

지도 P.87-C
위치 싼야봉황국제공항에서 택시 20분, 푸싱지에서 택시 10분
주소 三亚市天涯区凤凰路155号 三亚湾红树林度假世界
요금 팜페어리 트윈룸 14만7000원~(준성수기 주말 기준)
전화 0898-8895-5555

STAYING

봉황도 리조트(피닉스 아일랜드 리조트)
Phonix Island Resort Sanya 펑황따오지우디엔

영문 명칭은 '파닉스 아일랜드 리조트'이지만 싼야의 랜드마크라고 할 수 있는 봉황도 내에 있어 '봉황도 리조트'로 더 많이 불린다. 봉황 둥지 모양의 섬 위에 봉황알을 형상화한 여러 동의 건물이 들어서 있어 화려하면서도 도회적인 매력을 뿜어낸다. 싼야의 타워팰리스로 알려진 이곳은 한 동의 호텔과 여러 동의 아파트먼트가 함께 위치해 있다. 싼야 시내와 해변을 한꺼번에 조망할 수 있는 A동이 호텔로 운영되는데, 특히 20층의 루프탑바는 방문이 필수. 싼야 전경을 한눈에 내려다보며 마시는 시원한 맥주 한 잔은 잊지 못할 추억이 된다. 시내 관광지와의 교통도 좋은 편으로, 대부분의 일일투어 버스가 봉황도 입구를 지나고 대동해, 야롱베이로 가는 버스가 이곳에서 출발한다. 푸싱지에, 제일시장까지는 도보 15분 거리. 아파트먼트 주변을 산책하면서 하이난의 부촌을 엿보는 재미도 있다.

지도 P.87-G, 88-C
위치 봉황도 리조트 A동, 싼야봉황국제공항에서 택시 25분
주소 三亚市天涯区三亚湾路凤凰岛 凤凰岛度假酒店
요금 수페리어 오션뷰 11만 원~(준성수기 주말 기준)
전화 0898-3100-4281

STAYING

크라운 플라자 호텔
Crowne Plaza Sanya City Center
싼야쭝신황꽌지아르지우디엔

비즈니스 호텔로는 최고의 컨디션을 자랑한다. 예전에는 '라마다 플라자 호텔'로 불렸지만 현재는 '크라운 플라자 호텔'로 명칭을 변경했다. 도심의 활기가 그대로 느껴지는 싼야시의 중심에 위치해 휴양보다는 관광에 중점을 둔 여행자에게 적합하다. 호텔 밖에 나서면 싼야 강변과 요트 선착장, 클럽, 제일시장 등이 가까워 나이트라이프를 즐기기에도 탁월한 위치. 비즈니스 호텔치고는 넓은 룸과 현대적인 인테리어도 좋은 점수를 받는 요소다. 객실에서 싼야 강변과 시내를 조망할 수 있고, 객실 내 와이파이 환경도 최상이라 여러모로 가성비가 돋보인다.

지도 P.88-F
위치 제일시장에서 도보 5분, 싼야봉황국제공항에서 택시 25분
주소 三亚市吉阳区榆亚路3号 三亚中心皇冠假日酒店
요금 디럭스룸 7만 원~(준성수기 주말 기준)
전화 0898-3881-8888

STAYING

만다린 오리엔탈 리조트
Mandarin Oriental Resort Sanya 원화동팡지우디엔

중국 최고의 호텔 체인인 만다린 오리엔탈 그룹 특유의 럭셔리한 서비스가 돋보이는 리조트. 모든 객실이 해변을 조망할 수 있도록 설계됐으며, 테라스 룸에는 티 테이블과 안락의자를 갖춘 작은 정원이 딸려 있어 독립된 휴식을 취할 수 있다. 리조트에는 아이를 위한 모래놀이터와 얕은 수영장, 놀이시설이 잘 갖춰진 키즈클럽이 있어 영유아를 동반한 여행객들이 이용하기 편리하다. 워낙 넓은 규모라 오후 3시부터 5시 30분 사이에는 신청을 통해 버기를 타고 리조트 투어 프로그램을 진행하며, 시내까지 무료 셔틀버스를 운행하고 있다. 리조트 내에 다양한 서양식, 중식 레스토랑이 있는데, 이 중에서도 '이양(倚洋中餐厅)'은 딤섬과 원창닭으로 유명한 맛집. 아이와 함께 조용하고 휴식을 취하기에 좋은 리조트이다.

지도 P.89-F
위치 싼야봉황국제공항에서 택시 25분, 대동해에서 택시 10분
주소 三亚市吉阳区榆海路12号 三亚文华东方酒店
요금 테라스룸 20만2000원~, 오션뷰룸 25만 원~(준성수기 주말 기준)
전화 0898-8820-9999

> STAYING

인터컨티넨탈 싼야 리조트
Intercontinental Sanya Resort
빤산빤빠따오종지뚜지아지우디엔

대동해 옆의 작은 해변인 소동해에 위치한 리조트. 모던한 스타일에 편의시설도 다양한 편이라 한국인이 선호하는 리조트 중 하나다. 특히 한국인에게 익숙하고 편안하게 느껴지는 것은 한국인이 설계했기 때문이라고. 2010년에 오픈했으며, 녹회두 공원과 대동해 바다, 시내 번화가와도 가까워서 두루두루 접근성이 좋은 편이다. 총 343개의 객실은 모두 오션뷰이고, 특히 프리미엄 오션뷰룸은 넓은 발코니가 있어서 탁 트인 풍광을 즐기기 좋다. VIP 고객을 위한 클럽라운지를 운영하고 있다.

지도 P.89-D
위치 싼야봉황국제공항에서 택시 25분, 녹회두·대동해에서 택시 5분
주소 三亚市吉阳区洲际路1号 三亚半山半岛洲际度假酒店
요금 슈페리어 더블룸 15만4000원~(준성수기 주말 기준)
전화 0898-8861-8888

> STAYING

메리어트 대동해
Sanya Marriott Hotel Dadonghai
산야이티엔완지우디엔

2014년 오픈해 전체적으로 시설이 깨끗하고, 모던한 인테리어도 만족스럽다. 싼야 대동해가 한눈에 보이는 뷰를 자랑하며, 무엇보다 트윈룸에 싱글베드가 아닌 더블베드 2개가 놓여 있어 어린이를 동반한 가족 여행객에게 매우 편리하다. 수준 높은 한식당 스모키모토가 있어서 중국 음식에 영 적응하기 어려운 이들에게도 안성맞춤. 골드카드 제도를 운영하여 휴양을 목적으로 호텔에서 부대시설을 누리기에도 좋다. 전용 수영장에서 대동해가 훤히 보이고, 무엇보다 메리어트만의 고급스러움으로 늘 사랑받는 호텔이다.

`STAYING`

오토그래프 콜렉션
Autograph Collection by Marriott
싼하이티엔따지우디엔 오투끄어징시엔

오토그래프 콜렉션은 메리어트 인터내셔널이 보유한 럭셔리 라이프 스타일 브랜드이다. 기존의 타 호텔 체인이 일관된 가이드라인을 중시했다면, 오토그래프 콜렉션의 경우 각 호텔이 위치한 국가, 혹은 지역의 문화, 예술, 디자인 등을 호텔 시설, 서비스 등 전반에 반영하려고 노력하는 것이 특징이다. 대동해 해변가에 위치한 이곳은 중국 내 첫 번째 오토그래프 콜렉션 호텔이자 매리어트 계열의 부티크 호텔. 덕분에 오픈과 동시에 트렌디한 젊은 여행자들에게 큰 인기를 얻고 있다. 216개의 감각적인 객실과 두 곳의 인피니티풀, 사진 찍는 곳곳이 작품이 되는 인테리어가 여행자의 마음을 끈다. 인스타그램에서도 요즘 가장 핫한 숙소이다.

지도 P.89-B
위치 싼야봉황국제공항에서 택시 25분, 대동해에서 택시 5분
주소 三亚市吉阳区大东海海韵路77号 三亚山海天大酒店傲途格精选
요금 클래식룸 시티뷰 14만3000원~, 오션뷰 20만 원~(준성수기 주말 기준)
전화 0898-8828-5688

지도 P.89-B
위치 대동해 해변, 싼야봉황국제공항에서 택시 25분, 썸머몰에서 도보 15분
주소 三亚市吉阳区海韵路88号 三亚山海天万豪酒店
요금 디럭스 마운틴뷰 10만4000원~, 디럭스 오션뷰 12만 원~(준성수기 주말 기준)
전화 0898-8820-5320

STAYING

반얀트리 싼야
Banyan Tree Sanya 싼야위에룽좡

60여 개에 이르는 객실이 모두 풀빌라로 구성되어 있는 럭셔리 리조트. 반얀트리 브랜드가 지닌 오리엔탈리즘에 차이니즈 스타일을 더해 전체적인 인테리어가 웅장하면서도 아기자기하다. 가족 단위의 여행객뿐만 아니라 허니문 커플들이 많이 찾는데, 위치도 좋고 스파 센터를 비롯해 '하이드로테라피' 마사지 센터 등도 좋은 평가를 받는다. 루산 와이너리 레스토랑, 녹회두 공원 등과 인접한 위치에 있어 명소와의 거리도 가까운 편.

지도 P.89-A
위치 녹회두 공원에서 도보 10분, 싼야봉황국제공항에서 택시 30분
주소 三亚市吉阳区鹿岭路6号 三亚悦榕庄
요금 풀빌라 풀뷰 35만 원~, 오션프론트 풀빌라 65만 원~(준성수기 주말 기준)
전화 0898-8860-9988

STAYING

인타임 리조트
Intime Resort Sanya 잉타이양광두지아지우디엔

해변에 인접해 있으면서도 대동해의 핵심 지역을 아우르고 있어 휴양과 편의성 모두 만족할 만한 숙소이다. 낮에는 리조트에서 휴식을, 밤에는 대동해 중심의 매력을 모두 체험하기 좋은 최상의 위치인데, 다만 연식이 있는 로컬 중국계 호텔이라 객실이 다소 오래된 느낌은 지울 수 없다. 매일 저녁 7시부터 10시까지 야외 바비큐 뷔페를 운영하는데 가격 대비 만족도가 높고, 바다 전망의 바에서는 애프터눈 티 카페도 운영하고 있다.

지도 P.89-B
위치 대동해 해변, 썸머몰에서 도보 7분
주소 三亚市吉阳区海花路88号 银泰阳光度假酒店
요금 스탠더드 가든뷰 9만2000원~, 디럭스 씨뷰 12만 원~(준성수기 주말 기준)
전화 0898-8821-0888

`STAYING`

베리 부티크 씨뷰 호텔
Barry Boutique Seaview Hotel
바이루이징핀하이징지우디엔

자유 여행자들에게 만족도가 높은, 대동해의 중심에 위치한 실속형 호텔이다. 숙박비가 매우 저렴한 편이고 대동해 비치와 썸머몰이 가까우며 주변에 맛집들이 대거 포진해 있어 실속형 자유 여행자들에게 최고의 호텔이다. 양식당, 중식당, 실외 수영장등 웬만한 부대시설을 갖추고 있고, 저렴한 가격에 비해 룸도 큰 편이다. 호텔 지하에 마트를 비롯해 다양한 메뉴의 식당가가 자리하고 있고, 20층에는 대동해 바다가 한눈에 펼쳐지는 레스토랑과 바도 있다. 대동해에 전용 비치가 있어 해수욕을 즐기며 대동해의 편의성을 누리기에도 좋다. 러시아 여행객들이 다수이며, 직원들의 서비스도 친절한 편.

지도 P.89-B
위치 대동해 썸머몰에서 도보 5분, 싼야봉황국제공항에서 택시 30분
주소 三亚市吉阳区海韵路16号 柏瑞精品海景酒店
요금 수페리어 시티룸 3만5000원~, 디럭스 오션뷰 패밀리룸 6만5000원~(준성수기 주말 기준)
전화 0898-8888-8808

`STAYING`

하만 호텔
Harman Resort Hotel Sanya 하만두지아지우디엔

파인애플몰 13층과 연결되어 있어 식사, 쇼핑, 관광이 한번에 해결되는 도심 속 실속 호텔이다. 자유 여행객들이 여행의 첫날, 혹은 마지막 날에 파인애플몰을 이용하며 머물기에도 좋은 숙소이다. 2016년 초에 신규 오픈해서 룸 컨디션이 좋고, 총 485개의 객실을 보유하고 있다. 대동해 바다가 내려다보이는 인피니티 풀과 해산물 바비큐 디너 뷔페가 인기 있다. 바로 앞에 대동해 전용 해변을 갖추고 있어 해수욕을 즐기기에도 편리하다.

지도 P.89-C
위치 파인애플몰과 연결된 건물, 싼야봉황국제공항에서 택시 30분
주소 三亚市吉阳区榆亚路136号 三亚哈曼度假酒店
요금 수페리어룸(시티룸) 7만 원~, 디럭스씨뷰 8만 원~(준성수기 주말 기준)
전화 0898-3152-8888

> STAYING

블루스카이 게스트하우스

蓝天国际青年旅舍 난티엔구어지칭니엔뤼셔

썸머몰 뒤쪽에 위치한 블루스카이 게스트하우스는 젊고 활기찬 분위기로 장기 배낭 여행객들에게 인기 있는 숙소이다. 총 3층 건물에 1층의 바를 비롯해 2인실, 패밀리룸 등의 객실을 갖추고 있으며, 패밀리룸에는 욕실이 딸려 있어 인기가 좋다. 외관은 다소 허름해 보이지만 객실 정돈이 잘 되어 있고, 근처에 식당, 쇼핑몰, 편의점, 여행사 등 다양한 편의시설이 있어 자유여행을 즐기기에 편리하다. 영어 소통이 가능한 직원이 상주하며, 해변도 가까이에 있어 물놀이 기구를 무료로 대여해주고 서핑 교실도 진행한다. 두 마리의 반려견이 있어 더 친근한 느낌이 드는 숙소로, 오토바이 렌트도 가능하다.

지도 P.89-B
위치 썸머몰 뒤쪽으로 도보 3분, 싼야봉황국제공항에서 택시 30분
주소 三亚市吉阳区大东海海韵路蓝海巷1号
요금 남성 10인실 6500원~, 여성 6인실 8100원~, 스탠더드 트윈베드 2만1900원~, 패밀리룸 2만 4000원~, 오토바이 대여 1일 8시간 200元
전화 0898-8821-1770, 133-2209-8659

[STAYING]

선샤인 인터내셔널 유스호스텔
陽光国际青年旅舍 량광구어지칭니엔뤼셔

다국적 여행객이 선호하는 대동해의 유스호스텔이다. 블루스카이 게스트하우스에 중국 청년들이 많다면, 선샤인 인터내셔널 유스호스텔에는 다양한 국적의 젊은이들이 다수를 차지한다. 도미토리룸이 혼성으로 구성되어 있어 동성끼리 온 여행객이라면 적응할 수 있을지 판단해봐야 할 듯하다. 매일 밤마다 모두 함께 어울리는 파티가 열려서 다국적 친구를 사귀거나 여행 정보를 교류하기에 좋다. 대동해 해변과 썸머몰까지 도보 10분 거리에 위치해 있으며, 버스정류장과 각 관광 명소로 이동하기에도 좋은 위치에 있다.

지도 P.89-B
위치 싼야 시내에서 17번 버스 타고 녹회두 입구(鹿岭路口) 하차, 도보 5분
주소 三亚市吉阳区海花路2号鹿鸣小区1号別墅
요금 6인 혼성 도미토리룸 6700원~, 미니 트윈룸 1만 7400원~, 패밀리룸 2만8000원~
전화 0898-8895-5890

[STAYING]

라오반장 게스트하우스
老班长国际青年旅舍 라오빤장구어지칭니엔뤼셔

세계 최대의 유스호스텔 협회인 YHA에 소속된 게스트하우스로, 싼야 지역에서 가장 저렴하다고 할 만큼 합리적인 가격에 이용 가능하다. 호스트들이 친절하고 다양한 여행 정보를 교류할 수 있어서 백패커들 사이에도 인기 있다. 특히 혼자 여행 온 경우라면 이곳에서 팀을 이뤄 교외로 투어를 떠나기도 한다. 골목 안쪽에 위치해 있고 간판이 작아 초행길에 찾기는 쉽지 않지만, 싼야 시내나 해변까지 도보 이동이 가능하고 주변에 작은 야시장도 포진해 있어 크게 흠 잡을 데 없는 숙소이다.

지도 P.88-A
위치 싼야 시내에서 7번 버스 타고 길상제(吉祥街) 하차 후 도보 5분
주소 三亚市天涯区三亚湾度假区吉祥街建德巷14号(吉祥街与建德巷交汇处)
요금 8인실 33元, 6인실 38元, 여성룸 40元, 2인실 120~160元(준성수기 주말 기준)
전화 0898-8836-8299, 0898-8825-8409

Suburb of Sanya
싼야 외곽

호젓하고 여유로운 낭만의 해변

싼야 중심 지역이 공항과 가까운 싼야베이와 대동해를 포함한다면, 싼야 외곽은 써니베이, 야롱베이, 하이탕베이, 청수만 일대를 아우르는 지역으로 좀 더 여유롭고 호젓한 분위기 느껴진다. 최근 개발이 더욱 활발히 진행되면서 세계적인 럭셔리 리조트가 줄지어 들어서 있고, 도심과 다소 떨어진 위치 때문에 더욱 조용하고 한적해서 진정한 휴양의 낭만을 즐길 수 있다. 울창한 열대우림과 소수민족 문화, 프라이빗 해변까지 모두 누릴 수 있는 진정한 파라다이스를 이곳에서 경험해보자.

SIGHTSEEING

야롱베이
亚龙湾 야롱완

쿠바의 하바나와 함께 세계 2대 청정지역으로 알려진 야롱베이는 유난히 파랗고 눈부신 바다와 길게 뻗은 7.5㎞의 백사장이 인상적이다. 사시사철 수온이 따뜻한 데다 얕은 바다가 50~60m까지 이어지고 모래가 부드러워 해수욕을 즐기기에 더할 나위 없는 조건. '천하제일만(天下第一灣)'이라 칭하는 야롱베이는 휴양지다운 바다를 느끼고 싶은 여행자들에게 제격이다. 하얀 모래와 에메랄드빛 바다가 넘실대는 이곳은 '동양의 하와이'라는 별칭에 걸맞게 최고의 시설을 자랑하는 고급 리조트와 기다란 잎

지도 P.146-I
위치 공항에서 택시로 50분, 싼야 시내에서 24번 버스 타고 야용완오특채기(亚龙湾奥特莱斯) 하차 후 도보 5분
주소 三亚市吉阳区亚龙湾国家旅游

이 그늘을 드리운 야자수가 어우러져 이국적인 풍광을 연출한다. 초승달을 닮은 긴 백사장에 밀가루처럼 보드라운 모래가 깔려 있어 하이난에서도 가장 아름다운 해변으로 손꼽힌다.

SIGHTSEEING

열대천당삼림공원
热带天堂森林公园
르따이티엔탕썬리엔꽁위엔

아름다운 바다를 한눈에 바라볼 수 있는 열대천당삼림공원은 천국에 가깝다 하여 '천당'이라는 이름이 붙여졌다. 중국의 대표적인 여배우 서기가 주연으로 출연한 로맨스 영화 〈비성물요 2〉의 촬영지로도 유명한 열대천당삼림공원은 울창한 열대우림과 탁 트인 바다, 그리고 산의 매력을 한껏 느낄 수 있는 관광지다. 언제부터 살아왔는지 모를 열대 식물이 그대로 보존돼 있어 우리나라에서는 볼 수 없는 각종 식물을 구경하며 정상까지 오르는 재미가 남다르다. 공원 입구에서 전동차를 타면 각 정류장에 하차해 구경하며 오를 수 있는데, 사람들이

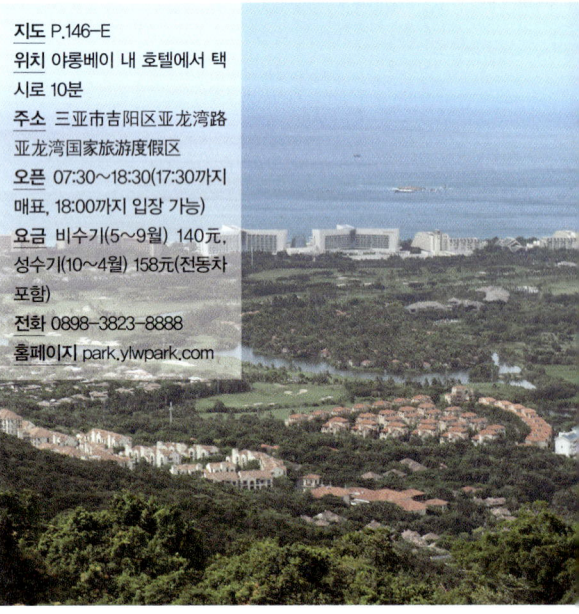

지도 P.146-E
위치 야롱베이 내 호텔에서 택시로 10분
주소 三亚市吉阳区亚龙湾路亚龙湾国家旅游度假区
오픈 07:30~18:30(17:30까지 매표, 18:00까지 입장 가능)
요금 비수기(5~9월) 140元, 성수기(10~4월) 158元(전동차 포함)
전화 0898-3823-8888
홈페이지 park.ylwpark.com

SIGHTSEEING

백화구 광장
百花谷 바이훠구

해변을 따라 초특급 리조트가 줄지어 있는 야롱베이에서는 리조트에 큰 비중을 두고 머무는 여행자들이 많다. 보통 뜨거운 낮에는 리조트에서 지내다 출출해지는 저녁 시간이 되면 편의시설이 밀집된 백화구 광장으로 모여든다. 백화구 광장의 커다란 야자나무 사이에 세워진 'I LOVE SANYA' 표지판은 이곳의 상징. 야롱베이 초입이자 싼야를 대표하는 트레이드 마크 앞에서 인증샷은 필수다. 광장에는 아이들을 위한 놀이동산과 관광정보센터가 있어 백화구를 쇼핑하는 길에 들러볼 만하다.

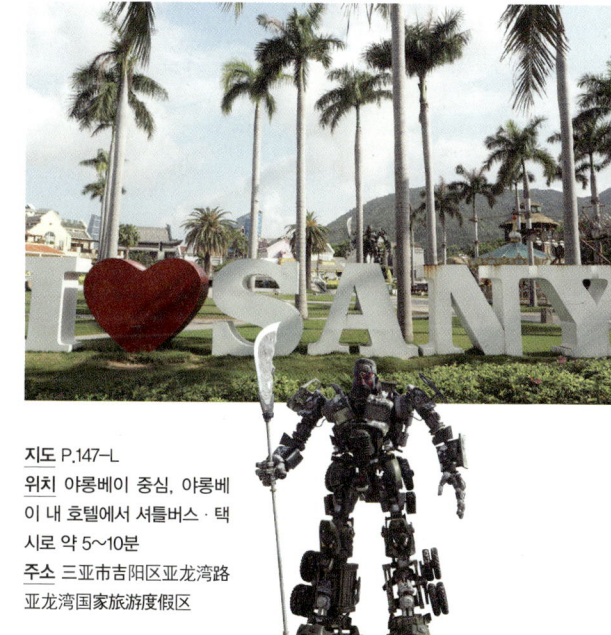

지도 P.147-L
위치 야롱베이 중심, 야롱베이 내 호텔에서 셔틀버스·택시로 약 5~10분
주소 三亚市吉阳区亚龙湾路 亚龙湾国家旅游度假区

가장 많이 내리는 곳은 다름 아닌 구름다리. 아찔한 구름다리를 건너 정상까지 더 오르면 야롱베이 전경을 한눈에 담는 전망대에 닿을 수 있다. 쉬엄쉬엄 오르내리는데 약 2~3시간 정도 소요된다.

ZOOM IN

SIGHTSEEING

구름다리
过江龙索桥

열대천당삼림공원의 하이라이트는 산과 산 사이에 놓여 있어 아찔한 스릴을 선사하는 구름다리. 무려 168m의 긴 구름다리는 바람이 불 때마다 출렁거려 긴장감을 주면서도 색다른 재미를 더한다. 이곳은 중국의 영화배우 서기가 주연한 〈비성물요 2〉의 메인 포스터 장면을 찍은 곳으로 유명해 인증샷을 찍는 사람으로 늘 인산인해다. 야롱베이의 바닷바람과 열대우림의 싱그러움이 더해지는 이곳은 서 있는 자체로 그림이 되는 곳이다.

SIGHTSEEING

전망대

열대천당삼림공원의 백미는 정상에 올랐을 때만 볼 수 있는 탁 트인 경관이다. 공원 정상의 전망대에 서면 하이난에서 가장 아름다운 해변이라고 하는 야롱베이와 남중국해가 한눈에 들어온다. 무려 5t에 달할 정도로 위용 있는 용상 앞에 펼쳐진 야롱베이의 전경은 탄성을 자아낸다. '용행천하(龍行天下)'라 적힌 이곳은 열대천당삼림공원의 포토존으로, 해 질 무렵 이 앞에 서면 반짝이는 용상과 바다가 감성적인 분위기를 연출한다.

STAYING

파라다이스 버즈네스트 리조트
Yalong Bay Earthly Paradise Birds Nest Resort

울창한 삼림 사이에 콕콕 박혀 있는 새 둥지 모양의 빌라는 동화 속에서나 봤던 꿈같은 하루를 선사한다. 이제는 고전으로 기억되는 세계적인 문학 작품이자 동화인 〈허클베리 핀의 모험〉에 등장한 풍경처럼, 이곳은 지극히 자연 친화적인 리조트이자 중국 허니문 커플에게도 인기 있는 프라이빗 숙소. 작은 정자 형태로 우거진 나무숲 사이에 푹 파묻혀 있는 142개의 빌라와 게스트 룸은 에어컨을 틀지 않아도 열대우림의 산들바람에 온몸이 상쾌해진다. 특히 풀빌라 형태의 숙소는 매우 프라이빗한데, 풀에 몸을 담그고 있자면 울창한 자연과 하나 되는 특별한 체험을 할 수 있다.

지도 P.146-E
교통 야롱베이 내 호텔에서 택시로 10분, 열대천당삼림공원 입구에서 전동차 타고 10분
주소 三亚亚龙湾人间天堂-鸟巢度假村
요금 스패로우룸 13만 원~(준성수기 주말 기준)
전화 0898-3821-9999
홈피 www.ylwpark.com

SIGHTSEEING

빈랑구
槟榔谷 빈랑구

국가 5A급 민속촌인 빈랑구는 하이난의 대표 소수민족인 리족과 먀오족이 살아가는 마을이다. 쭉쭉 뻗은 빈랑나무들 사이로 아늑한 전통 가옥이 자리하고, 원주민 할머니가 직접 농사 짓고 베를 짜며 술을 빚는 전통의 모습 그대로를 체험할 수 있다. 이곳은 하이난 리족 여인들의 문신으로도 유명하다. 지금은 사라진 풍습이지만 여전히 이곳에서는 가문의 정체성을 나타내는 독특한 문양을 얼굴, 다리, 팔 등에 새긴 리족 할머니들을 만날 수 있다. 또한 손수 만든 다양한 수공예품을 비롯해 직접 빚은 술, 열대과일 등을 판매하고 있어 이것저것 구경하는 재미가 있다. 둘러보는 데 반나절 이상 소요되므로 여유를 가지고 전통 공연을 관람하고 소수민족 음식도 맛보며 하이난의 전통을 오롯이 즐겨보자. 빈랑구는 면적이 매우 넓어 보통 전동차로 둘러보며 이것저것을 체험한다.

지도 P.146-A
교통 일일투어, 또는 택시투어 추천(p.78 참조)
주소 三亚市吉阳区三亚旅游区保亭县三道镇甘什岭
오픈 08:00~17:30
요금 입장권 165元, 패키지 입장료 : 입장권+공연 198元, 입장권+공연+전동차 210元, 입장권+공연+소수민족식당 간단 뷔페 225元, 입장권+공연+소수민족식당 간단 뷔페+전동차 243元
전화 133-1105-0991

> ### Tip
> **신비의 열매, 빈랑** 槟榔
>
> 빈랑구를 둘러보다 보면 유독 눈에 띄는 길쭉한 나무들이 있는데 이것이 바로 이곳의 상징이기도 한 빈랑나무(삥랑나무)이다. 이 나무의 열매를 잎사귀에 싸서 석회질 성분과 함께 씹어 즙을 삼키면 약간의 환각 작용을 일으키지만, 두통이나 치아 건강에 효과가 있다고 한다. 이는 하이난 사람들이 껌처럼 애용하는 기호 식품이기도 하다. 빈랑구에서는 가판에서 빈랑 열매를 쉽게 볼 수 있는데, 체험 삼아 맛보면 떫고 쓴맛에 뱉어버리는 경우가 많다.
>
>

`ZOOM IN`

`SIGHTSEEING`

빈랑고운 공연
檳榔古韻 빈랑구원

리족들의 일대기를 음악과 춤, 그리고 묘기로 풀어내는 '빈랑고운(檳榔古韻)' 공연은 그야말로 빈랑구의 하이라이트. 리족 주민들이 직접 선보이는 이 공연은 자연에 의지해 살아온 리족의 원시 생활 문화를 고스란히 보여준다. 리족들의 생존법과 전쟁, 결혼 풍습 등이 전통악기 연주와 불쇼, 대나무춤 등 화려한 볼거리와 함께 펼쳐진다. 전문적인 배우가 아닌, 이곳에 살고 있는 소수민족이 직접 출연하는 공연이기에 중국 내 여타의 대규모 공연보다는 전문성은 떨어질 수 있지만, 현지 문화를 생생하게 이해하는 데 큰 도움이 된다. 공연은 1시간 동안 진행된다.

지도 P.146-A
위치 빈랑구 내 전용 공연장, 소수민족식당 맞은편
오픈 10:30, 12:30, 14:20, 16:00 1일 4회 공연
요금 일반석 140元, VIP석 160元

`SIGHTSEEING`

빈랑구 린넨박물관

리족은 자수와 염색 기술로도 유명해 중국 황실에 진상할 정도였다고 한다. 지금도 국가에서 무형문화재로 보호하고 있으며, 빈랑구 곳곳에서 직접 직물을 짜고 수를 놓는 리족 할머니들을 만날 수 있다. 빈랑구 내의 박물관에는 세계에서 가장 큰 용 퀼트 작품이 전시되어 있다. 사람의 손으로 만들었다고 믿기지 않을 만큼 섬세한 작품을 통해 한때 화려하게 꽃 피웠던 이들의 문화를 이해하게 된다.

지도 P.146-A
위치 빈랑구 내
오픈 09:00~17:30
요금 무료

ZOOM IN

SIGHTSEEING

소수민족마을

여행자들이 빈랑구를 찾는 가장 큰 이유는 소수민족 문화를 고스란히 품은 마을 때문이다. 초록초록한 빈랑나무 사이 초가집에 실제 소수민족들이 살고 있는 이곳에 들어서자마자 마치 하이난의 과거로 순간 이동한 듯한 묘한 착각이 든다. 이제껏 리족들이 지켜온 문화가 곳곳에 남아 있는데, 그들이 생산한 술이나 먹거리를 비롯해 수공예품 등을 구경하고, 온몸에 문신을 한 리족 할머니들도 만날 수 있다. 소수민족마을은 하이난의 마오타이주라 불리는 '산란주'로도 유명하며, 직접 술 빚는 과정을 보고 시음도 할 수 있다.

Tip

소수민족 복장 체험

빈랑구 내에서는 리족의 전통 복장을 차려입고 곳곳을 누비는 여행자들을 쉽게 만날 수 있다. 리족의 전통 복장은 매우 화려하고 독특해서 여행자로서 꼭 체험해보고 싶은 아이템이다. 리족 고유의 상징과도 같은 화려한 색상과 특유의 문양, 그리고 직접 그들이 한 땀 한 땀 만들어내는 머리 장식과 신발까지 직접 착용해볼 수 있다. 묵직한 은장식을 두르고 있으면 오래된 역사의 무게까지도 묵직하게 다가온다. 울창한 빈랑나무를 배경으로 마치 현지인이 된 것처럼 추억을 남겨보자.

요금 복장 체험비 80元

SIGHTSEEING

집라인
高空飞索

면적이 어마어마한 빈랑구는 보통 전동차로 이동해야 하는데, 오를 땐 전동차를 타고 굽이굽이 산길에 올랐다가 내려올 때는 집라인 체험을 해도 좋다. 야자나무와 빈랑나무 사이로 펼쳐진 숲을 가로지르며 집라인을 타고 미끄러지듯 내려오면, 마치 열대우림을 활강하는 타잔이 된 것 같은 기분이다. 집라인의 길이가 길지는 않지만 짧은 체험으로도 강렬한 인상을 남긴다.

요금 집라인 체험 50元

RESTAURANTS

소수민족식당(려묘풍미식당)
黎苗風味餐厅 리마오펑웨이찬팅

흔히 소수민족식당으로 불리는 '려묘풍미식당'은 리족과 마오족의 다양한 전통 요리를 맛볼 수 있는 곳이다. 깊은 산속에서 키운 소고기와 멧돼지고기, 토종닭 등이 유명하며, 묘족삼색밥은 다양한 재료와 함께 삭힌 밥으로 건강에는 좋으나 우리나라의 홍어처럼 톡 쏘는 향이 강하다. 일반 단품 요리를 주문할 수 있는 룸 타입과 단체 여행객을 위해 여러 요리를 골라 먹는 뷔페식으로 나뉘어 각각 운영 중이다. 요리를 주문할 때는 메뉴판에 모형과 그림이 나와 있어 어렵지 않게 선택할 수 있다. 다양한 소수민족 요리를 한 접시에 종류별로 담아 맛볼 수 있는 세트 메뉴를 추천한다.

지도 P.146-A
위치 빈랑구 후문, 공연장 맞은편
오픈 09:00~17:00
요금 소수민족 특색 음식 A세트 78元~
전화 133-1105-0991

SIGHTSEEING

원숭이섬
南灣猴島 난완호우따오

중국 유일의 원숭이 보호구역으로 야생원숭이 3000여 마리가 모여 살고 있는 섬이다. 원숭이들이 군락을 이루며 살고 있는 모습이 신비로운데, 이곳의 원숭이들은 특히 다른 지역에 비해 온순한 편이라 아이가 있는 가족 단위 여행자들도 선호한다. 원숭이수영장, 원숭이쇼, 원숭이감옥 등 그들이 이루고 있는 작은 사회를 들여다볼 수 있다.

원숭이섬까지는 보통은 일일투어나 택시투어를 이용해 가기를 권하는데, 여의치 않다면 링수이 기차역까지 이동한 후 다시 무료 셔틀버스를 타고 가는 방법이 있다. 셔틀버스에서 내린 후 다시 15분 정도 케이블카를 타고 바다와 산을 건너거나 배를 타고 원숭이섬으로 들어가는 방법이 있다. 보통은 섬으로 들어갈 때는 케이블카를, 나올 때는 배를 이용하는 것을 많이 택한다. 오픈형 케이블카는 길이가 매우 긴 데다가 속도도 빨라서 바람에 흔들흔들 스릴 만점이다. 케이블카에 오르는 입구는 늘 대기하는 사람들로 긴 줄이 늘어서 성수기에는 조금 일찍 도착하는 게 좋겠다. 한참을 기다렸다가 오른 케이블카는 백만 불짜리 풍경으로 기다린 수고를 잊게 한다. 푸르디푸른 바다와 드넓은 하늘, 그리고 수많은 수상가옥들의 행렬이 감탄을 자아낸다. 단, 사방이 뚫린 오픈형 케이블카이므로 고소공포증이 두렵다면 배를 이용하는 편이 낫다.

지도 P.147-D
교통 싼야 시내에서 약 1시간 거리, 일일투어 또는 택시투어 추천(p.78 참조), 혹은 링수이 기차역에서 무료 셔틀버스로 약 10분(갈 때 09:10~12:40, 돌아올 때 13:10~14:40 약 70분 간격 운행)
주소 陵水黎族自治縣望海大道1号
오픈 08:00~16:50
요금 입장료 성인 152元, 키 120~140cm 아동 76元~, 120cm 이하 아동 무료
전화 0898-8336-1465

ZOOM IN

SIGHTSEEING

원숭이감옥

야생 원숭이섬인 이곳에는 여러 무리의 원숭이들이 사이좋게 공생한다. 무리 지어 생활하는 원숭이들은 자기 소속에 대한 큰 애착을 갖고 있다고 한다. 그런데 이들의 원활한 공생 관계를 방해하는, 이를테면 다른 원숭이를 괴롭힌다거나 사람을 해하는 원숭이들은 몇 달씩 원숭감옥에 수감된다고 한다. 감옥에 갇힌 험악한 표정의 원숭이는 신상이 공개되기도 하는데, 실제로 원숭이들이 이룬 작은 사회를 보는 재미가 쏠쏠하다. 이런 규율 때문인지 이곳의 원숭이들은 특히 온순하고 질서정연하게 생활하는 것 같다.

SIGHTSEEING

원숭이쇼

원숭이섬의 다양한 볼거리 중 약 1시간 단위로 진행되는 원숭이쇼는 단연 인기 만점. 천연덕스러운 원숭이의 재롱과 연기가 시선을 사로잡는다. 한편으로는 사람들에게 길들여진 원숭이를 보며 마음이 편치만은 않은데, 힘든 훈련만큼 더 맛있는 간식으로 보상받는다니 위안이 된다. 또한 연기하는 원숭이들은 몇 달 단위로 교체되어 스트레스에서 벗어날 수 있도록 관리한다고 한다.

오픈 09:10, 10:20, 11:30, 12:30, 13:40, 14:50, 16:00, 17:10(1시간 10분 단위로 공연)

SIGHTSEEING

수상가옥촌
水上家村

베트남이나 필리핀의 수상가옥과는 또 다른 광활한 규모의 수상가옥촌이 하이난에도 있다. 사실 얼마 전까지만 해도 싼야베이 주변에서는 수상가옥촌을 심심치 않게 만날 수 있었는데, 이제는 이 일대 휴양지가 개발되면서 링수이, 원창, 치옹하이 등 상대적으로 개발이 덜 된 곳에서만 종종 만날 수 있는 풍경이 되어버렸다. 원숭이섬 주변 앞바다에는 수백 채의 배들이 하나의 마을을 이루고 있는 수상가옥촌이 장관을 이룬다. 원숭이섬을 향하는 케이블카를 타면 공중에서 그 광활한 규모를 한눈에 담을 수 있고, 선착장에서 배를 타면 가까이서 그 분위기를 엿볼 수 있다. 수상가옥촌에서는 하이난 특산물 중 하나인 진주 양식장도 보이는데, 대대로 수상 생활을 해왔던 러시아계 민족이 이곳에서 진주 양식과 수산업에 종사하며 살아가고 있다. 원숭이섬을 둘러본 후에 수상가옥촌에 들러 구경도 하고 해산물 식사를 해도 좋겠다.

지도 P.147-D
교통 원숭이섬 입구에서 배편 이용
주소 陵水黎族自治县新村镇海上

ZOOM IN

RESTAURANTS

수상가옥식당
水上渔家餐厅 슈상류지아찬팅

원숭이섬을 오갈 때에는 케이블카를 이용하거나 배를 타야 한다. 배가 정박하는 선착장 근처에 수상가옥촌까지 연결되는 배편들이 다수 있는데, 이 배를 타고 수상가옥촌 내 식당도 이용할수 있다. 해상에서 직접 양식한 생선과 해산물을 재료로 요리해 신선한 현지의 맛을 느낄 수 있다. 이곳에서 쉽게 맛볼 수 있는 어죽은 우리의 닭죽과 맛이 유사하며, 기본적으로 해산물이 싱싱하고 없는 게 없을 정도로 종류가 다양해 또 다른 미식 여행의 재미가 있다. 위생적인 면에서는 다소 만족할 수 없을 수 있으나 현지의 생생한 분위기를 느끼는 특별한 경험이라 이런 단점을 상쇄할 만하다.

지도 P.147-D
위치 원숭이섬 입구에서 배편 이용
주소 陵水黎族自治县新村镇海上养殖二区96号鱼排
오픈 09:00~24:00
요금 해산물 시가(2인 예산 200元~)
전화 177-8694-0096

SIGHTSEEING

야노다우림공원
呀诺达雨林文化旅游区 야노다

하이난에서 '야노다(呀諾達)'는 본래 하나, 둘, 셋이라는 뜻인데, 하와이의 '알로하'처럼 주로 '환영합니다'라는 뜻으로 쓰인다. 푸른 바다보다 초록의 열대우림을 좋아한다면 특히 야노다우림공원의 트래킹을 추천하고 싶다. 야노다의 열대우림은 45㎢에 달하는 거대한 면적의 밀림이다. 우림곡과 몽환곡, 2개 구역으로 나뉘어 있으며 셔틀버스와 전기자동차를 타고 이동할 수 있다. 공원 내에는 열대우림의 생태를 관찰할 수 있는 오솔길이 잘 나 있어 트레킹 삼아 산책하기에 좋다. 길을 따라가면서 식물교살, 공중화란, 노경생화, 고반근, 등본반부, 근포석 등으로 이름 붙은 기묘한 생김새의 나무와 바위 등 열대우림의 6개 경관을 구경할 수 있다. 매표소에서 한국어 가이드 라디오를 대여해줘서 편리하게 트레킹을 즐길 수 있다.

지도 P.146-A
교통 일일투어 추천(p.78 참조)
주소 保亭黎族苗族自治县三道镇三道农场
오픈 08:00~17:30
요금 입장료 98元
전화 0898-8388-1101

SIGHTSEEING

오지주도
蜈支洲岛 우즈주따오

오지주도는 예전에는 군사 통제 구역으로 민간인들의 출입이 금지되었던 섬. 덕분에 환경 파괴 없이 태초의 자연을 그대로 간직하고 있다. 이제는 그 눈부신 바다 경치를 보기 위해 관광객들의 발길이 끊이지 않으며, 특히 해양스포츠의 메카로 각광 받고 있다. 하트 모양의 섬은 간단히 전동차를 타고 일주할 수 있는데 슬렁슬렁 둘러보면 30분 정도면 되지만, 섬 구석구석을 구경하고 해양스포츠를 즐기려면 하루가 부족하다. 특히 섬 주변의 바다는 하이난에서도 가장 깨끗하기로 유명해 바닷속에서 각종 열대어들이 산호, 해초 사이를 노니는 것을 볼 수 있다. 구름 한 점 없이 맑은 날에는 27m 깊이의 바닥까지 훤히 들여다 보이고, 스노클링 장비가 없이도 육안으로 열대어를 감상할 수 있을 만큼 물이 맑고 깨끗하다. 형형색색 열대어와 산호초를 감상할 수 있는 스노클링, 반잠수정 체험, 제트스키, 바나나보트, 패러세일링 등 여러 레포츠를 체험할 수 있다.

지도 P.146-F
교통 녹회두 광장에서 무료 셔틀 버스 운행, 일일투어 추천(p.78 참조)
주소 三亚市海棠区海棠区林旺镇后海村蜈支洲岛旅游区
오픈 08:00~16:00
요금 입장료 144元(배표 포함)

SIGHTSEEING

주강남전 온천
珠江南田温泉 주장난티엔

하이난은 화산 지역으로 곳곳에 온천이 잘 발달해 있다. 특히 주강남전 온천은 50여 개의 노천탕과 각종 놀이시설, 5성급 호텔을 겸한 휴양 명소로 유명하다. 이곳의 온천수는 칼슘 등 인체에 유익한 각종 원소가 풍부하게 함유돼 있어 의료 온천으로도 널리 알려져 있다. 대부분 탕의 온천수가 평균 수온 57℃ 정도로 유지되고 있어 휴식뿐만 아니라 물놀이하기에도 적합하다. 워터 슬라이드 등 놀이시설을 접목한 탕, 피부나 몸에 좋은 코코넛 등의 재료를 넣은 이색적인 탕, 자연과 조화를 이루도록 설계한 디자인 테마 탕까지 종류가 매우 다양하다. 그중에서도 유독 눈길을 끄는 탕은 사람의 피부 각질을 뜯어 먹어 피부 질환을 치료해주는 닥터피시 탕. 친친어라고 불리는 이 물고기는 터키의 캉갈온천과 이곳에서만 살고 있다고 하니 더욱 특별하다. 주강남전 온천은 수영복 차림으로 입장해야 하니 미리 준비하자.

지도 P.146-B
교통 일일투어, 또는 택시투어 추천(P.78 참조)
주소 三亚市海棠区海棠湾南田旅游城
오픈 09:00~23:00
요금 198元
전화 0898-8881-9888

SIGHTSEEING

분계주도
分界洲島 펀지에쭈따오

분계주도는 링수이 리족의 자치 현에 위치한 국가 5A급 관광지 중 하나다. 푸른 물결 위에 미녀가 가만히 엎드리고 있는 모습을 닮아 '미녀도'라는 별칭을 가지고 있다. 하이난은 분계주도를 기준으로 북쪽은 아열대기후, 남쪽의 싼야는 열대기후로 나뉜다. 아열대와 열대를 나누는 지리적 기준이 되는 섬이 바로 분계주도라서 이곳을 특히 신비롭게 생각한다. 몇 년 전까지만 해도 사람이 살지 않은 무인도였던 터라 원시적인 열대 풍경을 그대로 간직하고 있으며, 빼어난 자연경관과 더불어 스킨스쿠버, 제트스키, 페러세일링을 즐길 수 있는 해양휴양지로도 유명하다. 오지주도보다 사람이 적어 좀 더 여유로운 여행을 즐길 수 있는 반면, 싼야에서 가까운 서도나 오지주도에 비해 교통이 불편하므로 자유여행보다는 단체 일일투어가 편리하다.

지도 P.83
교통 일일투어, 또는 택시투어 추천(p.78 참조)
주소 陵水黎族自治县东线高速牛岭出口处
오픈 08:00~17:30
요금 입장료 132元(배표 포함)
전화 0896-3181-7777

SHOPPING

CDF 면세점
三亚国际免税城 구어지미엔수이청

하이탕베이 일대는 리조트 외에 편의시설이 거의 전무하다. 주변이 한창 개발 중이긴 하지만 리조트 밖 이곳이 유일하다시피 한 쇼핑센터. 'China Duty Free'를 줄여 흔히 'CDF 면세점'이라고 부르는데, 세계에서 손꼽히는 규모의 면세점이다. 특별히 쇼핑할 것이 없더라도 리조트에만 있기 지루하다면 이곳에서 한가로이 시간을 보내는 것도 좋겠다. 3층 높이에 A, B동으로 구분되어 있는 이곳에서는 티파니, 불가리, 까르띠에 등 300여 가지의 브랜드를 만날 수 있다. 여느 면세점이 그렇듯 CDF 면세점에서도 여권을 지참하고 항공편명을 알아야 쇼핑할 수 있다.

이밖에도 다양한 음식을 판매하는 푸드코트, 오락과 휴식의 공간, 문화 활동이 이루어지는 공간 등이 함께 조성되어 있다. 특히 면세점 B동 3층에는 중국 각 지방의 요리를 맛볼 수 있는 푸드코트가 잘 되어 있다. 동북, 란주, 산시, 허난성 요리와 한식까지 각 코너별로 다양하게 마련돼 있어 음식만으로도 중국 전역을 여행한 기분이 든다. 푸드코트

지도 P.146-B
교통 각 중심지에서 면세점 무료 셔틀버스 이용, 야롱베이 각 호텔의 셔틀버스 이용
주소 三亚市海棠区海棠北路118号
오픈 10:00~22:00
전화 40-0699-6956

CDF 면세점 무료 셔틀버스 시간표

1 녹회두 광장 鹿回头广场 루후이터우광창
- 녹회두 광장 → CDF 면세점 09:30~18:30(1시간 간격)
- CDF 면세점 → 녹회두 광장 13:00~22:00(1시간 간격)

2 오지주도 蜈支洲 우즈저우
- 오지주도 → CDF 면세점 13:00, 16:00(1일 2회)
- CDF 면세점 → 오지주도 15:30, 17:00(1일 2회)

3 야롱베이 亚龙湾 야룽완
- 야롱베이 → CDF 면세점 10:00, 16:00(1일 2회)
- CDF 면세점 → 야롱베이 15:00, 20:00(1일 2회)

※ CDF 면세점 셔틀버스는 야롱베이의 주요 호텔에 대부분 정차하기 때문에 묵고 있는 호텔 로비에 미리 문의하고 예약하면 편리하다.

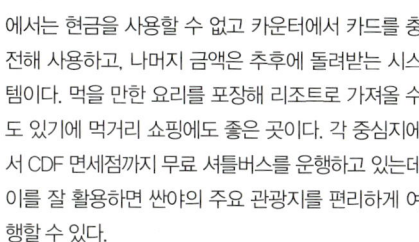

에서는 현금을 사용할 수 없고 카운터에서 카드를 충전해 사용하고, 나머지 금액은 추후에 돌려받는 시스템이다. 먹을 만한 요리를 포장해 리조트로 가져올 수도 있기에 먹거리 쇼핑에도 좋은 곳이다. 각 중심지에서 CDF 면세점까지 무료 셔틀버스를 운행하고 있는데 이를 잘 활용하면 싼야의 주요 관광지를 편리하게 여행할 수 있다.

하이난성 정부는 2010년부터 외국인 관광객을 위해 소비세 환급(Tax Refund) 제도를 시행하고 있다. 이에 따라 관광객은 지정된 쇼핑몰에서 상품을 구입하면 출국 시 11%에 달하는 세금을 돌려받을 수 있다. 다만 환급을 받으려면 관광객 1명이 한 매장에서 하루에 구입한 물품 액수가 800元(한화 약 13만6000원)을 넘어야 한다. 음식, 음료수, 과일, 담배, 술 등은 제외한 액수다.

SHOPPING

백화구
百花谷 바이화구

야롱베이 주변은 대부분 리조트와 골프장, 해변으로 이뤄져 있는데 이 일대에서 유일하게 브랜드 상점과 식당가, 쇼핑가가 밀집되어 있는 곳이 바로 백화구다. 특히 이 일대는 5성급 이상의 고급 리조트들이 밀집되어 있어 리조트 내에서 풀보드로 식사하지 않는 한, 한 끼 정도는 백화구에서 해결하게 된다. 스타벅스를 비롯해 맥도널드, 하겐다즈, 피자헛, KFC 등 익숙한 브랜드 레스토랑은 물론 홍콩식 딤섬, 타이완식 디저트, 우리에게 익숙한 한식까지 다양한 식당들이 모여 있다. 상점가 바깥쪽 광장에는 테마파크와 산책로가 조성되어 있고, 야롱베이 관광센터가 인근에 위치해 하이난 여행에 대한 다양한 정보를 얻을 수 있다. 성수기와 주말 야간에는 상점가 중앙광장에서 라이브 공연 등 다양한 행사가 펼쳐져 흥겨운 분위기를 느낄 수 있다.

지도 P.146-I, 147-L
위치 야롱베이의 중심, 화유리조트 야롱베이 앞
주소 三亚市吉阳区百花谷购物中心
오픈 10:00~22:00
전화 0898-8856-7755

RESTAURANTS

촉향원
蜀香苑川味火锅 쇼우시앙위엔

국물 요리를 좋아하는 한국 사람들은 중국 여행 시 훠궈집을 일부러 찾아다니기도 하는데, 야롱베이 화유리조트에서 운영하는 훠궈 뷔페 촉향원은 전반적으로 만족도가 높은 레스토랑. 중국의 훠궈집에서는 보통 홍탕, 백탕 등 탕의 종류를 선택하고, 안에 들어가는 재료를 따로 주문해야 해서 생각보다 예산을 오버하는 경우가 있다. 그보다는 정해진 가격으로 신선한 고기와 해산물 등을 무한 리필해서 훠궈를 배부르게 즐길 수 있는 호텔 레스토랑도 괜찮은 선택. 1인당 가격이 다소 비싸긴 하지만 깔끔하고 전통적인 분위기에서 한상 가득 푸짐하게 재료를 갖춰 놓고 만족스러운 훠궈를 즐길 수 있다. 이곳은 사천식 훠궈인 매콤한 홍탕이 특히 인기 있는 메뉴다.

지도 P.147-L
위치 화유리조트 야롱베이 1층
주소 三亚市吉阳区三亚旅游区亚龙湾华宇度假酒店1层
오픈 11:00~14:00, 18:00~22:00
요금 훠궈 뷔페 1인당 138元
전화 0898-8855-5888

RESTAURANTS

산서면식점
山西面食店 샨시미엔스디엔

면 요리가 유명한 중국에서는 북경의 짜장면(炸酱面), 산동의 이부면(伊府面), 무한의 열간면(热干面), 사천의 단단면(担担面), 산시성의 도삭면(刀削面)을 중국 최고의 5대 면이라고 부른다. 이곳은 짜장면, 단단면과 더불어 우리 입맛에 잘 맞는 도삭면이 유명한 레스토랑. 도삭면 이외에도 산시성의 면 요리를 제대로 요리해 내놓는 곳이다. 간편한 점심 한 끼를 해결하기에도 안성맞춤.

지도 P.147-L
위치 야롱베이 백화구 내 1층 상가, 스타벅스 맞은편
주소 三亚市吉阳区亚龙湾国家旅游度假区百花谷内
오픈 11:00~22:00
요금 탕면 28元~, 볶음면 38元~
전화 138-0752-0185

RESTAURANTS

한라산
汉拿山 한라샨

야룽베이 백화구 내 1층 상가에 위치한 한라산은 중국 전역에서 성공한 코리안 바비큐 체인이다. 한국 음식점이지만 현지인의 입맛을 사로잡아 중국인에게도 인기가 좋으며, 성수기 저녁 시간에는 웨이팅이 길어질 각오를 해야 한다. 무더운 하이난에서 리조트식만 먹다 보면 매콤하거나 구수한 한국 음식이 그리울 때가 있다. 불고기나 돌솥비빔밥뿐만 아니라 김치찌개, 순두부, 냉면 같은 한식 메뉴를 다양하게 즐길 수 있다. 대동해 파인애플몰에도 매장이 있다.

지도 P.147-L
위치 야룽베이 백화구 내 1층 상가, 스타벅스 맞은편
주소 三亚市吉阳区百花谷购物中心A109号
오픈 11:00~22:30
요금 돌솥비빔밥 40元, 냉면 30元
전화 0898-8866-3775

RESTAURANTS

하이디라오
海底捞火锅(亚龙湾店)
하이디라오 야룽베이점

하이디라오는 중국 1위의 훠궈 체인으로 중국 49개 도시뿐 아니라 싱가포르, 미국, 한국과 일본에도 지점을 두고 있는 글로벌 브랜드다. 한국인들이 가장 좋아하는 훠궈 체인이기도 하다. 최근 싼야 야룽베이에 오픈해 큰 인기를 얻고 있다. 해산물이 신선한 하이난이니 풍성한 재료로 현지 훠궈를 즐겨보자.

지도 P.147-L
위치 야룽베이 백화구에서 도보 5분, 빈해공원 내
주소 三亚市吉阳区亚龙湾滨海公园5-7层
오픈 10:30~02:00
요금 1인당 100元~
전화 0898-8822-5200

RESTAURANTS

아지센라멘
味千拉面 웨이치엔라미엔

중국 전역에서 일본 라멘으로 인기를 끌고 있는 대형 프랜차이즈 라멘 전문점이다. 중국 본토에만 500여 개가 넘는 분점을 가지고 있으며, 한때 한국의 배우 박해진 씨가 중국의 아지센라멘의 모델로 활동한 것으로 알려져 있다. 라멘 한 그릇에 30元 정도라 저렴하다고 할 수는 없지만, 리조트식과 현지식에서 벗어나 뜨끈한 국물 요리가 그리울 때 들를 만하다. 전통 일본 라멘에 중국식 고추기름과 향신료가 가미된 '중국 스타일 일본 라멘'을 즐겨보는 것도 색다른 경험이다.

지도 P.147-L
위치 야룽베이 백화구에서 도보 5분
주소 三亚市吉阳区三亚旅游区亚龙湾国家旅游度假区爱立方滨海乐园1层F8号
오픈 10:30~22:00
요금 아지센라멘 味千拉面 30元
전화 0898-8856-7796

[RESTAURANTS]

복관해선주루
福冠海鲜酒楼 푸관하이시엔지우로우

바다에 둘러싸인 싼야 지역에는 해산물 식당이 매우 많다. 야롱베이 백화구 내 1층 상가에 위치한 복관해선주루도 싱싱한 해산물 요리가 맛있는 곳. 살아있는 해산물이 가득한 수족관을 갖추고 바로 조리해주기에 맛이 좋은 것은 당연지사. 하이난에서는 특히 알이 꽉 찬 새우와 망고조개가 맛있는데, 이곳의 해산물요리는 향이 세지 않고 담백하여 우리 입맛에도 잘 맞는다. 하이난 특색 요리들도 주문할 수 있어 야자밥과 함께 특별한 한 끼를 즐겨보는 것도 좋겠다.

지도 P.147-L
위치 야롱베이 백화구 내 1층 상가
주소 三亚市吉阳区亚龙湾度假区亚龙湾百花谷百花谷商业街(天域酒店对面)
오픈 10:00~22:00
요금 해산물 요리 58元~
전화 0898-8855-1299

[RESTAURANTS]

숙연헌
煲然轩 슈란시엔

백화구 맞은편에 위치한 해산물 식당이다. 해산물 외에도 식사가 될 만한 다양한 가정식 요리를 갖추고 있다. 가장 큰 장점은 매우 합리적인 가격대. 거창한 해산물 레스토랑에서는 요리 하나만 주문해도 가격이 부담스러울 수 있는데, 이곳에서는 다섯 가지 메뉴와 밀크티 두 잔을 포함한 세트 메뉴를 합리적인 가격으로 즐길 수 있다. 요리가 깔끔하고 푸짐해서 점심이나 저녁을 모두 넉넉하게 즐길 수 있다.

지도 P.147-L
위치 야롱베이 백화구에서 도보 5분
주소 三亚市吉阳区亚龙湾滨海乐园内
오픈 11:00~ 22:30
요금 2~3인 예산 168元~
전화 153-3891-8654

RESTAURANTS

모가반점

毛家饭店 무지아반디엔

광동, 사천, 산동, 강소, 절강, 복건, 안휘 요리와 함께 중국 8대 요리로 꼽히는 후난 요릿집이다. 중국 전역에 분점을 두고 있는 모가반점은 후난이 고향인 모택동이 생전에 즐겨 먹었던 요리라고 해서 더욱 유명하다. 후난 요리의 특징은 매콤한 요리가 많다는 것인데, 사천 요리가 마라(麻辣)를 많이 써서 혀가 마비되고 아린 느낌을 주는 매운맛이라면, 후난 요리는 고추 자체의 매운맛이 주가 되는 요리가 많다. 이런 점에서 후난 요리는 한국의 매운맛과 비슷해서 한국인들에게도 인기 만점. 긴 주둥이의 주전자 묘기와 함께 따뜻한 꽃차를 즐길 수 있고, 사진 메뉴판이 있어 메뉴를 선택하기도 편리하다.

지도 P.147-L
위치 야룽베이 백화구에서 도보 5분
주소 三亚市吉阳区亚龙湾滨海乐园内
오픈 10:30~22:30
요금 면 요리 25元~, 단품 요리 35元~
전화 0898-8856-6060

| STAYING |

파크하얏트 써니베이
Park Hyatt Sanya Sunny Bay
타이양완바이위에지우디엔

야롱베이 중에서도 가장 높은 지대에 위치해 더 조용하고 프라이빗한 호텔. 써니베이 해안의 한적함을 즐기기에 적합한 숙소다. 특급 리조트임에도 숙박비가 합리적이고, 야롱베이가 한눈에 보이는 탁 트인 전망을 자랑하는 레스토랑도 매력이다. 야롱베이 중심가와 다소 떨어져 있어 주변의 편의시설을 이용하기는 힘들지만, 리조트에서 백화구까지 셔틀버스를 이용해 오갈 수 있다. 택시가 리조트 안쪽까지는 들어오지 않아 시내나 공항으로 나갈 때는 미리 컨시어지에 부탁해야 한다. 오롯한 휴식을 원하는 여행자들에게 추천하고 싶은 리조트이다.

지도 P.146-I
위치 써니베이, 싼야봉황국제공항에서 차로 45분
주소 三亚市吉阳区亚龙湾国际度假区太阳湾路5号 三亚太阳湾柏悦酒店
요금 파크킹룸 24만 원~(준성수기 주말 기준)
전화 0898-8820-1234

| STAYING |

리츠칼튼 야롱베이
The Ritz-Carlton Sanya Yalong Bay
리쓰카얼둔지우디엔

야롱베이 리조트 중 가장 고급 리조트에 속한다. 우리나라의 신라호텔 같은 분위기로, 가벼운 트렌디함보다는 고급스러운 중후함을 강조했다. 무성한 나무와 식물이 조화로운 조경이 멋지고, 로비 복도에는 명품 숍들이 입점되어 있어 눈길을 끈다. 334개의 디럭스 객실과 최고급 편의시설을 갖춘 66개의 클럽룸, 전용 수영장이 있는 17개의 스위트룸, 33개의 풀빌라 등 총 450개의 객실을 갖추고 있다. 또한 48개의 트리트먼트실이 있는 최고의 스파 시설을 갖추고 있다. 키즈클럽, 어린이 수영장 등도 잘 갖춰져 있어 가족 여행자들에게 인기가 높다. 직원들도 글로벌 고급 체인 브랜드 호텔다운 수준 높은 서비스를 보여준다.

지도 P.146-I
위치 야롱베이, 싼야봉황국제공항에서 차로 45분, 백화구에서 도보 10분
주소 三亚市吉阳区亚龙湾国家旅游度假区 金茂三亚亚龙湾丽思卡尔顿酒店
요금 디럭스룸 22만 원~, 빌라동 50만 원~(준성수기 주말 기준)
전화 0898-8898-8888

> STAYING

MGM 그랜드 싼야
MGM Grand Sanya 메이카오메이지우디엔

MGM 하면 라스베이거스와 마카오가 먼저 떠오르는데, 하이난의 야롱베이에서도 MGM 리조트의 럭셔리함을 만날 수 있다. MGM 하면 또한 빼놓을 수 없는 것이 카지노인데, MGM 그랜드 싼야는 세계에서 유일하게 카지노가 없는 가족 휴양형 리조트로 운영되고 있다. 그 이름만큼이나 규모도 화려한 MGM 그랜드 싼야는 일반 객실, 스위트룸, 빌라를 포함한 675개의 객실을 갖추고 있는 대형 리조트. 캐주얼한 느낌이 강해 가족 단위보다는 젊은 커플들에게 더 어울리는 곳이다. 야롱베이의 중심에 위치하고 있으며, 해변을 따라 늘어선 리츠칼튼과 힐튼, 맹그로브트리 등의 고급 리조트 단지들이 개방적으로 가든을 운영하고 있어 산책 삼아 이웃 리조트를 투어하는 재미도 있다. 황금빛 사자상과 골드 & 레드 인테리어가 중국다운 분위기를 유지하고 있지만, 오래된 리조트에 비해서는 가든의 야자나무 그늘이 풍성하지 않은 것은 조금 아쉽다. 매일 저녁 8시에는 메인 풀에서 풀파티가 진행되며, 야롱베이의 럭셔리 나이트클럽인 '파빌리온'으로 중국의 젊은이들이 모여든다.

지도 P.147-K
위치 야롱베이, 싼야봉황국제공항에서 차로 45분, 백화구에서 도보 10분
주소 三亚市吉阳区龙海路17号 三亚美高梅度假酒店
요금 디럭스룸 15만 원~, 럭셔리 오션뷰룸 19만6000원~(준성수기 주말 기준)
전화 0898-8863-9999

> STAYING

힐튼 야롱베이
Hilton Sanya Yalong Bay Resort & Spa
시얼둔따지우디엔

싼야의 유명 해변에는 힐튼 계열의 다양한 리조트들이 자리하고 있다. 힐튼 야롱베이는 다른 힐튼 계열의 리조트에 비해 다소 연식이 오래되어 노후한 느낌은 있지만, 우거진 야자수와 함께 조경이 잘 되어 있는 것이 장점이다. 동남아 열대우림 안에 포근히 안겨 있는 듯한 느낌이 편안하다. 또 하이난의 유명 리조트들이 대체로 규모가 엄청나서 걷기 힘든 반면, 힐튼 야롱베이는 야자나무 사이로 산책로가 잘 가꿔져 있고 동선이 아기자기해 산책하기에 좋다. 쉐라톤 야롱베이와 MGM 그랜드 싼야 등과 이웃한 야롱베이 해변에 위치하고 있으며, 야롱베이 골프클럽을 바라볼 수 있다.

지도 P.147-K
위치 야롱베이, 싼야봉황국제공항에서 차로 45분, 백화구에서 도보 10분
주소 三亚市吉阳区湾月路3号 金茂三亚亚龙湾希尔顿大酒店
요금 디럭스룸 15만 원~(준성수기 주말 기준)
전화 0898-8858-8888

> STAYING

쉐라톤 야롱베이
Sheraton Sanya Yalong Bay Resort
시라이덩두지아지우디엔

힐튼, MGM, 맹그로브트리 등 세계적인 체인으로 유명한 리조트 단지가 조성된 야롱베이에 자리한 호텔. 싼야 최초의 특급 호텔로 다소 오래된 느낌은 있지만, 2007년 대대적인 레노베이션을 거치는 등 지속적으로 탈바꿈하고 있고 무엇보다 오랜 기간 가꿔온 정원이 최고의 조경을 자랑한다. 풍성한 나무들이 시원한 그늘을 만들어주어 수영할 때의 쾌적함도 배가 된다. 511개의 객실과 서양식 레스토랑, 아시아 레스토랑, 백운중 식당, 뷔페 레스토랑, 로비바, 비치바, 수영장바 등 다양한 레스토랑을 갖추고 있다. 룸이 널찍한 편이고 풀장과 바로 연결되는 풀엑서스룸이 있어 아이들과 함께하는 가족에게 더할 나위 없다. 세계 10대 골프장인 야롱베이 골프클럽과도 인접해 골퍼들에게도 환영받는 호텔이다.

지도 P.147-K
위치 야롱베이, 싼야봉황국제공항에서 차로 45분, 백화구에서 도보 10분
주소 三亚市吉阳区亚龙湾国家旅游度假区 三亚喜来登度假酒店
요금 수페리어 13만 원~, 디럭스씨뷰 17만7000원~(준성수기 주말 기준)
전화 898-8855-8855
홈피 www.sheratonsanya.com

STAYING

화유리조트 야롱베이
Huayu Resort And Spa Yalong Bay
화위뚜지아지우디엔

특급 리조트는 아니지만 널찍한 객실에 합리적인 숙박비, 편리한 동선 등 장점이 많은 실속형 리조트이다. 2012년에 리모델링하여 전체적인 시설이 깨끗하고, 널찍하게 쓸 수 있는 객실 총 583개를 보유하고 있다. 야롱베이 해변에서 도보로 약 5분 거리로 다소 벗어난 위치에 있지만, 대신 백화구의 음식점 아케이드와 가까운 것이 편리하다. KFC, 맥도널드, 피자헛 등 익숙한 프랜차이즈가 코앞이라 물놀이하다가 걸어서 다녀와도 될 정도. 하이난의 특급 리조트들이 동선이 매우 넓어 다소 불편할 수 있는데, 이곳은 룸과 수영장을 오가며 휴식을 취하기 좋은 규모이다. 야롱베이 골프클럽과도 가까운 위치에 있다.

지도 P.147-L
위치 야롱베이 백화구, 싼야봉황국제공항에서 차로 45분
주소 三亚市吉阳区亚龙湾国家旅游度假区 亚龙湾华宇度假酒店
요금 디럭스룸 8만6000원~, 그랜드 패밀리룸 10만5000원~(준성수기 주말 기준)
전화 0898-8855-5888

STAYING

홀리데이 인 야롱베이
Holiday Inn Resort Sanya Yalong Bay
지아르뚜지아지우디엔

야롱베이 해변은 그야말로 초특급 브랜드 호텔의 각축장. 이 중에서도 특히 가성비 좋은 곳이 바로 홀리데이 인 야롱베이 리조트이다. 캐주얼한 분위기에 다양한 부대시설을 갖추고 있으며, 야롱베이 해안가에서 다양한 해양스포츠를 즐기기에 좋다. 상업지구인 백화구와도 가까운 매우 좋은 위치. 가장 눈에 띄는 장점은 체크아웃 서비스이다. 24시간 체크아웃 서비스로 오후 4시에 체크인하면, 다음 날 오후 4시에 체크아웃할 수 있다. 각자의 항공편 상황에 따라 이를 잘 활용하면 추가 요금 없이 레이트 체크아웃할 수 있는 것이 편리하다. 단, 성수기 춘절 기간(구정)과 10월 국경절 기간에는 객실 사정에 따라 적용되지 않을 수도 있으니 참고하자.

지도 P.147-L
위치 야롱베이, 싼야봉황국제공항에서 차로 50분, 백화구에서 도보 15분
주소 三亚市吉阳区龙海路1号 三亚亚龙湾假日度假酒店
요금 수페리어룸 10만5000원~, 씨뷰 12만7000원~(준성수기 주말 기준)
전화 0898-8856-5666

STAYING

아틀란티스 싼야
Atlantis Sanya 야트란디스지우디엔

두바이, 바하마에 이어 전 세계에서 세 번째로 하이난에 문을 연 7성급 리조트다. 우리나라 캐리비언베이의 3배 규모의 워터파크를 갖추고 있으며, 세계 각국의 음식을 맛보는 21개의 미슐랭급 월드 레스토랑을 보유하고 있다. 그중 세계적인 스타 셰프 고든램지가 직영하는 '브레드 스트리트 키친 앤 바(Bread Street Kitchen & Bar)와 오시아노(Ossiano) 해저 레스토랑 등이 특히 인기을 얻고 있다. 리조트 내 아쿠아리움에서는 돌고래와 교감할 수 있는 공연 프로그램을 즐길 수 있다. 2018년 5월 오픈한 신생 리조트로 아직은 조경, 서비스 등이 완벽히 자리 잡지 못했지만, 방대한 규모와 다양한 부대시설로 품격 있는 휴가를 즐기고자 하는 가족 여행자들의 기대를 충족한다.

지도 P.146-B
위치 하이탕베이, 싼야봉황국제공항에서 차로 1시간
주소 三亚市海棠区海棠北路 三亚亚特兹蒂斯酒店
요금 스탠더드룸 30만 원~ (준성수기 주말 기준)
전화 0898-8898-6666

STAYING

르네상스 리조트
Renaissance Sanya Resort &Spa
완리뚜지아지우디엔

세계적인 대형 호텔 체인 그룹인 메리어트 인터내셔널의 멤버로 자칭 '최고'라고 자부하는 키즈클럽을 보유하고 있어 가족 관광객이 선호한다. 이곳에서 묵는 동안 만 4~12세 어린이들은 키즈클럽을 무료로 이용할 수 있으며, 널찍한 규모를 자랑하는 아시아 최대의 수영장, 객실에서 5분만 걸어가면 펼쳐지는 프라이빗 비치가 최고의 장점. 로비를 비롯해 객실 대부분이 바다를 향하는 오션뷰라 푸른 바다를 언제라도 만끽할 수 있으며, 넉넉하고 안락한 객실은 사소한 부분까지 이용자의 편의를 고려했다. 항상 미소로 응대하는 스태프들의 서비스도 감동적이다. 시내의 썸머몰, CDF 면세점을 비롯해 공항까지 무료 셔틀버스를 운행하고 있어 일정 중에 시내 관광을 하기에도 편리하다.

지도 P.147-C
위치 하이탕베이, 싼야봉황국제공항에서 차로 1시간 10분
주소 三亚市海棠区海棠湾镇椰州路1号 三亚万丽度假酒店
요금 디럭스룸 8만9000원~(준성수기 주말 기준)
전화 0898-3885-8888
홈피 www.renaissancesanya.com

STAYING

더블트리 힐튼 하이탕베이
Doubletree Resort by Hilton Sanya
시얼둔리이린뚜지아지우디엔

하이탕베이에 자리한 힐튼 계열의 더블트리 리조트는 같은 계열의 콘래드와 이웃하고 있다. 오지주도를 마주하는 바다와 메인 풀 외에도 작은 풀을 7개나 갖추고 있다. 워터 슬라이드, 키즈 클럽, 오락실, 스파 등 부대시설이 잘 되어있고 면 전문점인 누들박스를 비롯해 양식당, 중식당, 로비바, 해변바 등에서 다양한 요리를 맛볼 수 있다. 리조트 부지가 넓고 이용할 수 있는 부대시설도 꽤 넓어 리조트가 더욱 고급스럽게 느껴진다. 특히 내부 레스토랑의 맛과 서비스가 좋아 근처의 콘래드와 르네상스 리조트에서도 더블트리 힐튼으로 건너와 중식, 석식을 즐기곤 한다. 세련된 로비와 큰 규모에 비해 룸은 작은 편이다. 체크인과 함께 제공되는 웰컴쿠키가 맛있다.

지도 P.146-F
위치 하이탕베이, 싼야봉황국제공항에서 차로 1시간 10분
주소 三亚市海棠区海棠北路3号 三亚海棠湾万达希尔顿逸林度假酒店
요금 가든뷰룸 10만9000원~, 오션뷰룸 13만 원~(준성수기 주말 기준)
전화 0898-8820-8888

STAYING

쉐라톤 하이탕베이
Sheraton Sanya Haitang Bay
시라이덩뚜지이지우디엔

쉐라톤 하이탕베이는 쉐라톤 야롱베이에 비해 좀 더 최근에 지어져 깔끔하고 세련된 멋이 있다. 여러 모양으로 분리된 아기자기한 수영장과 더욱 합리적인 숙박비도 장점이다. 또 계속해서 개발에 박차를 가하고 있는 하이탕베이 리조트들은 이미 휴양지로 자리매김한 야롱베이에 있는 리조트보다 숙박비가 조금 더 저렴한 장점이 있다. 전 세계 쉐라톤 체인 호텔들이 성인 2명, 아동 1명을 투숙 조건으로 둔 반면, 쉐라톤 하이탕베이는 한국인 투숙객에 한하여 성인 2명, 아동 2명까지 숙박 가능한 것도 매력이다. 11개나 되는 야외 풀장을 비롯해 독립된 키즈 전용풀, 그리고 해변에 어린이를 위한 전용 모래놀이 시설이 구비된 것도 아이들과의 물놀이를 즐겁게 한다. 곳곳에 안전요원들이 배치되어 어린이 튜브 바람 충전, 안전사고 예방, 음료 판매 등의 다양한 서비스를 제공한다. 리조트 자체적으로 농작물을 비롯해 오리, 닭 등의 가축을 기르고 있으며, 올해부터 어린이를 위한 전문 프로그램도 실시하고 있다. 요일별로 농작물 체험, 가축 모이 주기, 어린이 물놀이 교실, 부모님과 즐기는 미니 축구 등 아이들과 즐길거리가 다채롭다.

지도 P.146-F
위치 하이탕베이, 싼야봉황국제공항에서 차로 1시간 20분
주소 三亚市海棠区海棠湾海棠北路76号 三亚海棠湾喜来登度假酒店
요금 가든뷰 10만4000원~, 그랜드 디럭스 씨뷰 11만2000원~(준성수기 주말 기준)
전화 0898-3885-1111

> STAYING

완다비스타 리조트 싼야
Wanda Vista Resort Sanya
완따원화뚜지아지우디엔

유럽풍의 고급스러움에 중국 청나라의 고풍스러움이 더해진 고급 리조트로 아직까지는 구 '캠핀스키 호텔'로 더 유명하다. 또 '에듀케이션 레저 콘셉트'의 리조트로도 유명한데, 실제로 수백 년 전 가옥을 옮겨와 조성한 우드아트 뮤지엄은 꼭 봐야 할 곳. 총 320여개의 객실을 구비하고 있으며, 18홀의 미니 골프 연습장, 4000m의 프라이빗 비치 등 다양한 부대시설을 갖추고 있다. 완다 비스타가 더욱 특별한 것은 리조트 내 수로와 그곳을 누비는 용선 때문. 여러 동으로 된 리조트 전체를 수로가 에워싸고, 건물의 사이사이를 버기 대신 용선이 지나다니는 풍경이 신비롭다. 호텔 투숙객들에겐 1회 이용권을 주어진다. 저녁에는 요일별로 주제를 달리 하는 뷔페를 이용할 수 있다.

지도 P.146-F
위치 하이탕베이, 싼야봉황국제공항에서 차로 1시간 20분
주소 三亚市海棠区海棠北路 2号 万达文华度假酒店
요금 디럭스 가든뷰 8만7000원~ , 디럭스 오션뷰 9만8000원~(준성수기 주말 기준)
전화 0898-8865-5555

> STAYING

소피텔 리만 리조트
Sofitel Sanya Leeman Resort
리원수어페이트뚜지아지우디엔

홍콩의 자본으로 지어진 리조트로, 하이난이 고향인 아버지 '리만'에게 딸이 선물한 리조트로 유명하다. 명품 디자이너인 오너의 안목으로 소피텔 객실 내 모든 어메니티가 랑방, 에르메스 등의 명품으로 구비되어 있으며, 객실에 놓인 가구 하나하나에서도 품격이 느껴진다. 객실 침대의 매트리스는 항공사 퍼스트 클래스의 좌석 매트를 생산하는 '마이베드'에서 만든 것으로 편안한 휴식에 최적화돼 있다. 프랑스 남부 리비에라를 연상케 하는 소피텔 리만 리조트는 넓고 쾌적한 메인풀과 인피니티풀, 다양한 놀이시설과 슬라이드를 갖춘 패밀리풀이 있어 진정한 휴양을 즐기기 좋다. CDF 면세점과는 차로 5분, 미스틱 골프장과 15분, 오지주도선착장까지는 10분 거리에 있어 휴양은 물론 관광까지 가능한 요지에 자리하고 있다.

지도 P.146-F
위치 하이탕베이, 싼야봉황국제공항에서 차로 1시간 20분
주소 三亚市海棠区海棠湾海棠北路28号 理文索菲特度假酒店
요금 수페리어룸 9만9000원~, 럭셔리킹 오션룸 12만 원 ~(준성수기 주말 기준)
전화 0898-3299-8888, 0898-8868-6078

STAYING

래플스
Raffles Hainan Lingshui 라이포스지우디엔

하이난에서도 해변이 아름답기로 소문난 청수만에 위치한 고급 리조트이다. '싱가포르 슬링'의 원조로 유명한 래플스는 페어몬트 호텔 그룹의 최고급 리조트 중 하나로, 싱가포르에서는 부담스러운 숙박비 때문에 엄두가 안 났다면 하이난에서 합리적으로 즐겨볼 만하다. 오션뷰, 패밀리룸, 풀빌라 등 다양한 룸 타입을 갖추고 있어 커플에서 대가족까지 다양한 구성원들과의 여행이 편리하며, 원숭이섬, 오지주도와 차로 가까운 거리에 있어 싼야 외곽 중에서는 휴양과 관광을 모두 누리기에 좋은 위치다. 특히 청수만 주변은 아직 편의시설이 부족해 리조트 내에서 보내는 시간이 많은데, 풀보드 골드카드를 신청할 수 있어 수준 높은 서비스와 더불어 삼시세끼의 즐거움을

지도 P.147-C
위치 청수만, 싼야봉황국제공항에서 차로 1시간 30분
주소 陵水黎族自治县英州镇清水湾大道 海南雅居乐莱佛士酒店
요금 그랜드 오션뷰 17만 원~(준성수기 주말 기준)
전화 0898-8338-9888

STAYING

홀리데이 인 청수만
Holiday Inn Resort Hainan Clear Water Bay
청수완르지아우뚜지우디엔

싼야에는 싼야베이, 야롱베이, 청수만까지 세 곳에 홀리데이 인 리조트가 있는데, 그중에서 홀리데이 인 청수만은 특별히 어린 가족을 동반한 여행객들이 즐겨 찾는 실속형 리조트다. 대규모 부지를 자랑하는 것은 아니지만 홀리데이 인만의 아기자기한 룸과 저렴한 숙박비 덕에 최고급 리조트들이 즐비한 청수만에서도 경쟁력을 잃지 않고 있다. 홀리데이 인 청수만에서 가장 인기 있는 룸은 역시 패밀리룸. 어린 자녀를 동반한 4인 가족이 묵기에 불편함이 없도록 아이를 위한 2층 침대와 한 가족이 쓰기에 넉넉한 욕실, 그리고 흔들의자까지 갖추고 있어 편안한 휴식이 가능하다. 키즈클럽의 규모는 크지 않지만 친절한 선생님들이 배치되어 1대 1, 혹은 1대 2로 케어가 가능하고, 식당에서도 키즈 메뉴가 따로 준비되어 있어 여러모로 어린 자녀에 대한 배려가 좋은 리조트이다.

지도 P.147-C
위치 청수만, 싼야봉황국제공항에서 차로 1시간 30분
주소 陵水黎族自治县英洲镇清水湾大道 清水湾假日度假酒店
요금 수페리어룸 5만 5000원~, 패밀리룸 11만 원~(준성수기 주말 기준)
전화 0898-3833-5888

누릴 수 있다. 오후 3시부터 청수만의 경치와 함께 즐기는 애프터눈 티는 그 분위기와 예쁜 세팅 덕에 많은 여성 투숙객들의 오감을 만족시킨다. 프라이빗 전용 비치에서 일출을 맞이할 수 있으며, 청수만의 조용한 분위기와 래플스만의 고풍스러운 느낌이 더해져 리조트에서만 시간을 보내도 충분히 만족스럽다.

STAYING

더 웨스틴 블루베이
The Westin Blue Bay Resort & Spa
란완류청웨이스팅지우디엔

지도 P.147-D
위치 청수만, 싼야봉황국제공항에서 차로 1시간 30분
주소 陵水黎族自治县清水湾度假区C区蓝湾绿城威斯汀度假酒店
요금 디럭스 씨프론트 13만 원~(준성수기 주말 기준)
전화 0898-8338-8666

청수만에서도 최고의 경관으로 손꼽히는 '블루베이 그린타운'에 위치한 더 웨스틴 블루베이는 전용 해변과 스파, 피트니스 센터를 갖춘 스타우드 계열의 럭셔리 5성급 리조트. 특히 지안 레이크 블루베이 골프클럽, 청수만 골프장 등이 가까이에 있어 골프 여행에 최적화된 리조트라 할 만하다. 매년 LPGA가 열리는 챔피언십 골프 코스인 지안 레이크 블루베이 골프클럽이 걸어서 불과 5분 거리에 있어 청수만의 환상적인 해안 코스를 즐기며 라운딩하기 편리하다. 2015년 김세영 선수가, 2016년엔 이민지 선수가 이곳에서 우승해 한국인에게도 친숙하다. 총 350개의 객실은 모두 탁 트인 바다를 바라볼 수 있도록 설계되었으며, 테라스에 비치된 베드 체어에 누워 청수만 바다를 즐길 수 있는 여유로움도 선사한다. 4개의 고급 레스토랑과 바, 가족 여행객을 위한 스파, 키즈클럽, 다양한 해양 레저를 즐길 수 있는 전용 비치, 개인 헬스 트레이닝 프로그램, 요가 클래스 등의 다채로운 프로그램과 부대시설을 갖추고 있어 묵는 동안 지루할 틈이 없다.

HAIKOU
하이커우

북부의 도회적 매력과 아열대의 자연

하이난 북부에 위치한 하이커우는 오랜 역사를 가진 행정, 경제, 문화의 중심지이자 해상 교역의 요충지. 중국 대륙에서 떨어진 섬이면서 동남아로 뻗어나가는 길목에 자리해 다양한 문화가 어우러진 하이커우만의 개성을 품게 되었다. 도회적인 매력과 아열대 기후의 자연이 어우러져 쇼핑, 골프, 식도락 등을 즐기기 좋고, 10대 중국의 역사문화 거리와 무비테마타운, 공원, 박물관까지 볼거리도 풍성하다.

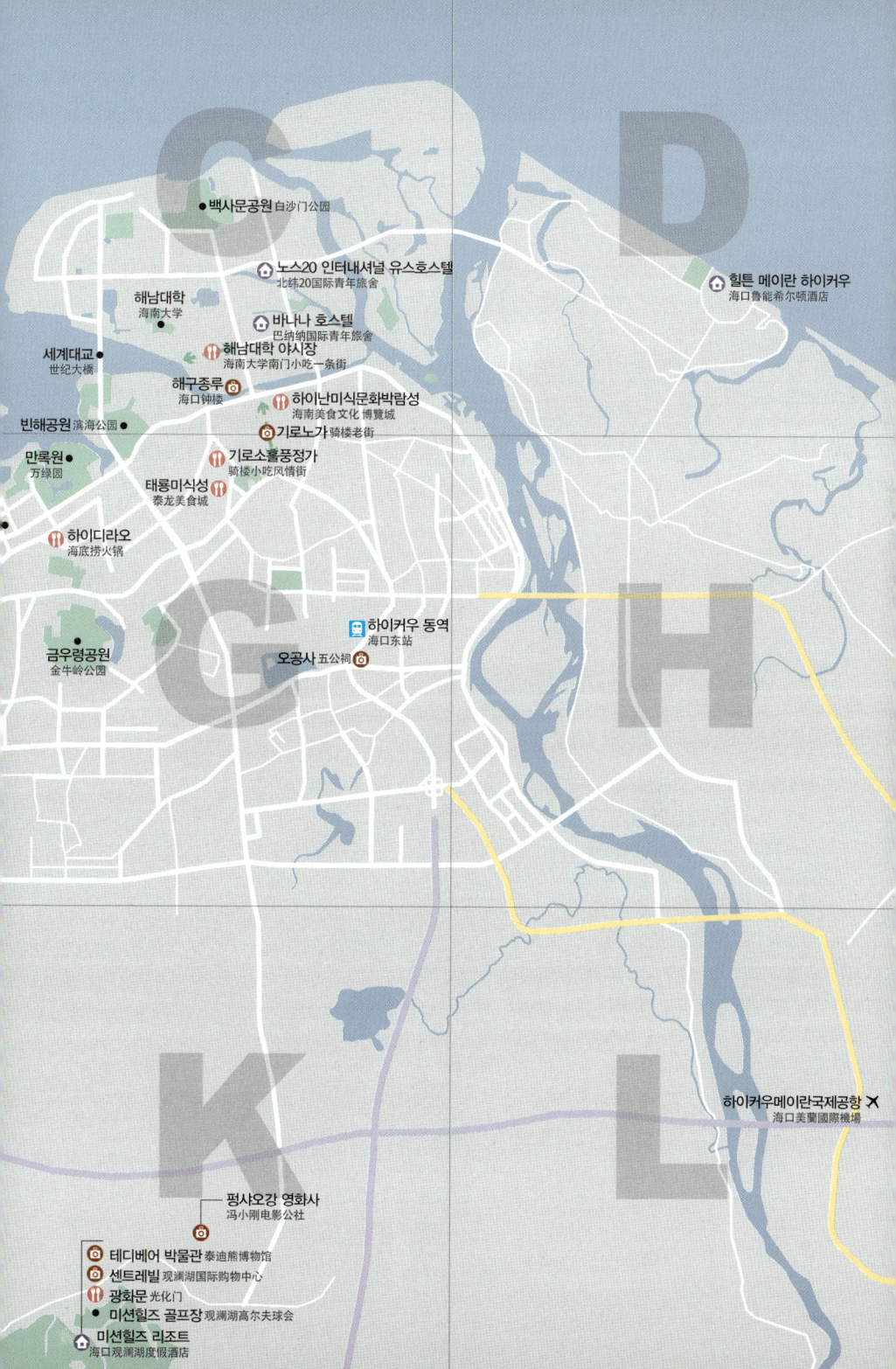

SIGHTSEEING

기로노가
骑楼老街 **치로라오지에**

일찍이 대외통상의 중심지였던 하이커우에서는 동서양의 건축 양식이 혼합된 기로 양식을 흔히 볼 수 있다. 그 양식이 가장 잘 간직된 곳이 기로노가, 즉 기로옛길이다. 150여 년 전 해외에서 무역상으로 일하던 화교들이 서양의 건축 양식을 본 따 만든 건축물이 거리를 이뤄 북경 국자감거리, 평요 남대가, 하얼빈 중앙대가, 소주 평강루, 황산 둔계 등과 함께 중국의 10대 역사문화거리로 꼽힌다. 멀리 남송대부터 지금에 이르기까지 3~4층 높이의 건물들이 밀집되어 독특하고 빈티지한 분위기를 자아낸다. 이곳은 하이커우인들의 일상을 그대로 담아내기에 더욱 멋스럽다. 건어물, 과일, 골동품 가게와 아기자기한 카페까지 상점 하나하나가 개성을 품고 있다. 버스, 오토바이,

자전거 등과 바삐 일상을 살아가는 하이난 사람들까지 풍경의 일부로 녹아들어 단순한 관광지 이상의 가치를 보여준다. 하이커우를 여행한다면 과거와 현재, 그리고 일상과 여행이 공존하는 기로노가만큼은 꼭 들러보자.

지도 P.181-C
위치 하이커우 동역에서 차로 20분
주소 海口市龙华区
전화 0898-6620-0273

SIGHTSEEING

해구종루
海口钟楼 하이커우 쯍로우

하이커우(海口)의 지명은 '항구'라는 뜻이다. 하이난 섬 전체 무역액의 50%를 차지하고 있고 정치·경제·교통·문화의 중심지로 광저우와 항로가 연결되어 있는 하이커우. 종루는 하이커우의 랜드마크 중 하나로, 빨간 벽돌로 세운 5층 짜리 고딕 양식 건축물이다. 개항 시기인 1928년에 의해 세워졌으며, 무역항에서 상인들에게 시간을 알려주는 중심적인 역할을 했다. 1987년에 현대적인 감각으로 리모델링된 종루는 지금도 매시 30분마다 음악을 통해 시간을 알리고 있다. 빨간 벽돌의 시계탑과 강변의 풍경이 독특하면서도 서정적인 분위기를 자아낸다.

지도 P.181-C
위치 기로노가 입구
주소 海口市龙华区
전화 0898-6620-0273

SIGHTSEEING

오공사
五公祠 우꽁쓰

당·송대에 억울하게 하이난으로 유배를 왔던 이덕유(李德裕), 이강(李綱), 조정(趙鼎), 이광(李光), 호전(胡銓) 등 다섯 충신의 위패를 모셔놓은 사당이다. 명대에 처음 세워졌고 청대에 복원되면서 지금 모습을 갖추게 되었다. 여러 개의 연못과 당송풍의 다리와 야자수들이 조화롭게 조성되어 아담한 정원 같은 느낌을 준다. 소박하지만 고풍스러운 멋으로 '하이난 제일의 건물'로 꼽히는 오공사 내에는 소공사(蘇公祠)도 자리하고 있다. 이곳은 다섯 충신과 마찬가지로 하이난에 유배됐던 송대 대문학가 소동파(蘇東坡)를 기리는 사당이다. 소동파는 중국 내륙의 선진 문물을 하이난에 전파한 것으로 유명하다.

지도 P.181-G
위치 하이커우 동역에서 차로 12분
주소 海口市琼山区海府路169号
오픈 08:00~17:30
요금 입장료 17元
전화 0898-6535-3047

[SIGHTSEEING]

홀리데이비치
假日海滩 지아르하이탄

홀리데이비치는 하이커우에서 가장 아름다운 해변이다. 해변의 길이가 무려 6km에 달하며, 백사장과 야자나무 사이의 긴 산책로가 여유로운 분위기를 선사한다. 싼야의 여느 바다 빛깔과는 비교하기 어렵지만, 우리나라의 서해안처럼 황금빛 모래가 나름의 매력을 뽐낸다. 하이커우 사람들의 일상이 공존하는 푸근하고 편안한 해변이다. 낮에는 해변을 산책하거나 다양한 해양 액티비티를 즐길 수 있고, 저녁에는 유명한 〈인상 해남도〉 공연을 볼 수 있다. 참고로 하이난은 열대 기후와 아열대 기후가 공존하는 섬인데, 싼야의 열대 기후와는 달리 이곳은 아열대 기후에 속해 11~3월에는 해수욕을 하기 어렵다.

지도 P.180-F
위치 하이커우메이란국제공항에서 차로 50분, 하이커우역에서 차로 16분
주소 海口市秀英区滨海大道
전화 0898-6871-3521

[ZOOM IN]

[SIGHTSEEING]

인상 해남도
印象海南岛 잉샹하이난따오

하이난의 황금 해변을 배경으로 살아가는 소수민족 리족과 마오족의 삶을 주제로 거장 장예모(張藝謀) 감독이 연출한 초대형 공연이다. 북경올림픽 개·폐막식을 연출한 것으로도 유명한 장 감독의 〈인상〉 시리즈는 중국의 명산과 호수, 관광지를 무대로 그 지역의 민화와 전설을 녹여낸 연출로 호평을 받았다. 지금까지 계림의 〈인상 유삼저〉, 항주의 〈인상 서호〉, 무이산의 〈인상 대홍포〉, 여강의 〈인상 여강〉, 해남도의 〈인상 해남도〉까지 5개가 만들어졌다. 〈인상〉 공연 시리즈는 해당 도시의 문화와 자연경관을 더 많은 사람에게 알리고, 전문 연기자가 아닌 많은 지역주민을 공연에 출연시켜 지역경제 발전에도 큰 기여를 하고 있다. 하지만, 홀리데이비치를 배경으로 경쾌하면서도 몽환적인 공연을 펼쳤던 〈인상 해남도〉는 현재 특별한 행사에만 만날 수 있어 아쉬움이 남는다.

지도 P.180-F
위치 하이커우 시내에서 28번, 35번, 57번 버스 타고 인상극장(印象剧场) 하차
주소 海口市滨海大道160号 印象剧场
오픈 매일 오후 20:30(70분 공연)
요금 일반석 168元~
전화 0898-6088-9999

SIGHTSEEING

화산구 지질공원
石山火山群世界地质公园
쓰산훠산취 스지에띠즈꽁위엔

하이난은 제주도와 같은 화산섬이다. 약 2만여 년 전까지도 화산 활동이 활발했던 이곳 화산구 지질공원은 유네스코가 지정한 세계지질공원이다. 공원 내에는 36개의 분화구가 잘 보존되어 있으며, 그중 마안령 분화구는 해발 222.8m로 가장 높은 봉우리로 알려져 있다. 정상까지는 10~15분이면 가볍게 오를 수 있고, 하이난 시내를 한눈에 내려다보는 전망대가 있다. 화산구에 오르면서 화산이 분출한 분화구, 용암이 흐르던 흔적을 어렵지 않게 찾아볼 수 있다. 이곳은 중국에 얼마 남아 있지 않은 휴면 화산 중 하나로, 지질학적으로도 연구 가치가 높다. 한라산 백록담이나 백두산 천지처럼 규모가 크고 웅장하지는 않지만 아담한 화산구와 빼곡한 밀림이 이색적이다.

지도 P.180-I
위치 하이커우메이란국제공항에서 차로 26분
주소 海口市秀英区石山镇风景路89号
오픈 08:00~18:00
요금 입장료 60元
전화 0898-6546-9666
홈피 http://www.hkhsq.com

SIGHTSEEING

테디베어 박물관
泰迪熊博物馆 따이티씨옹 보우관

세계적으로 인기를 끌고 있는 테디베어를 하이커우에서도 만날 수 있다. 한국에는 제주, 설악, 경주 등에 테디베어 박물관이 있는데, 중국의 하이커우에서도 지역 테마에 맞게 각색되어 여행자를 즐겁게 한다. 다양한 나라의 의상을 입은 귀여움 돋는 테디베어들이 전시되어 있으며, 기념품 숍에서 한국에서 볼 수 없는 유니크한 디자인의 테디베어를 구매하는 재미도 있다. 규모가 크고 볼거리도 많아 눈 돌릴 틈 없이 구경하고 즐기게 되는데, 테디베어 덕후들은 물론이고 아이와 함께라면 특히나 방문이 필수.

지도 P.181-K
위치 센트레빌 내 위치, 하이커우 도심에서 차로 30분
주소 海口市龙华区羊山大道39号海口观澜湖新城
오픈 10:00~19:00
요금 어른 90元, 어린이 50元
전화 0898-6572-1218

[SIGHTSEEING]

펑샤오강 영화사
冯小刚电影公社 **펑샤오강 띠엔잉꽁쓰**

중국의 유명 영화감독 펑샤오강의 영화 〈1942〉를 주제로 하여 1940년대 근대 문화를 재현해놓은 무비테마타운이다. 이를 '1942 거리'라고 칭하는데, 기본 입장권을 끊고 들어가면 이곳만을 둘러볼 수 있어 조금 아쉽다. 중국의 장강 유역 4대 도시인 충칭, 우한, 난징, 상하이를 재현한 '남양 거리'는 추가 요금을 내야 하지만, 핵심적인 볼거리가 집중돼 있어서 보통 통합 입장권을 끊어 두 거리를 함께 둘러본다. 펑샤오강 감독의 〈당산대지진〉, 〈비성물요〉 등의 영화 명장면과 연계해 난양 풍정구, 라오베이징 풍정구 세트장이 들어서 있는데 그 분위기에 압도될 만큼 건물이 예쁘고 사진 찍기에도 좋다. 이곳은 중국 영화와 드라마의 실제 촬영장이기도 하지만, 리얼하고 빈티지한 세트장에서 미식, 쇼핑과 다양한 근대 문화 체험이 가능한 곳이기도 하다. 실제 카페나 상점 또한 1940년대를 그대로 재현해 마치 시간 여행을 하는 기분이 든다. 중국 고전영화 체험관에서는 영화 속 주인공이 되어 보고, 다양한 중국 전통 의상을 대여해 사진 촬영을 하고, 마차나 인력거를 타고 거리를 누비는 특별한 경험을 할 수 있다. 참고로 미션힐즈 리조트에서 이곳까지 셔틀버스를 운행하며, 미션힐즈 리조트의 골드카드가 있는 경우 무료로 입장할 수 있다.

지도 P.181-K
위치 하이커우메이란국제공항에서 차로 20분, 미션힐즈 리조트에서 셔틀버스로 5분
주소 海口市龙华区龙昆南路延长线羊山大道19号
오픈 10:00~22:00
요금 기본 입장료(1942 거리) 68元, 추가 입장료(남양 거리) 88元, 통합 입장료 138元(1942 거리 + 남양 거리)
전화 0898-3668-8000

SHOPPING

센트레빌
观澜湖国际购物中心 꽌란후구어지꼬우종신

미션힐즈에서 운영하고 있는 하이커우 동남쪽의 복합 쇼핑몰. 다양한 글로벌 명품 브랜드가 입점되어 있어 쇼핑하기 편리하고, 홍콩의 란콰이퐁을 재현한 거리를 비롯해 다양한 레스토랑에서 맛있는 음식을 즐길 수 있다. 분위기를 돋우는 클럽 거리와 편안하게 묵을 수 있는 호텔 시설도 눈에 띈다. 거대한 분수가 있는 인공호수에서는 매일 밤 화려한 라이트 분수쇼가 펼쳐지고, 구석구석 조경이 아름다워 휴식을 취하기에 부족함이 없다. 하이커우에서 세련된 하루를 보내고자 한다면 센트레빌이 제격이다.

지도 P.181-K
위치 미션힐즈 리조트에서 무료 셔틀버스로 5분, 하이커우메이란국제공항에서 차로 20분
주소 海口市龙华区羊山大道39号
오픈 10:00~22:00
전화 0898-6868-2999

RESTAURANTS

광화문
光化门 韩国传统餐厅 광화먼

센트레빌 내에 위치한 한식당이다. 오픈한 지 1년이 조금 넘었지만 고급스러운 인테리어와 세련된 테이블 세팅, 오픈형 주방과 넓은 홀, 그리고 무엇보다 한국 전통의 맛으로 한식의 자존심을 세워주고 있다. 하이커우를 여행할 때 한국식당을 찾기 쉽지 않은데 익숙한 한식이 그리울 때 들를 만하다. 매콤한 부대찌개와 코리안 바비큐가 인기 있다.

지도 P.181-K
위치 센트레빌 내 란콰이퐁 거리 1층
주소 海口市龙华区羊山大道39号之海口观澜湖兰桂坊商业街2116号
오픈 11:00~22:00
요금 부대찌개 48元~(2인 이상 주문)
전화 0898-6567-9622

| RESTAURANTS |

태룡미식성
泰龙美食城 타이롱메이스청

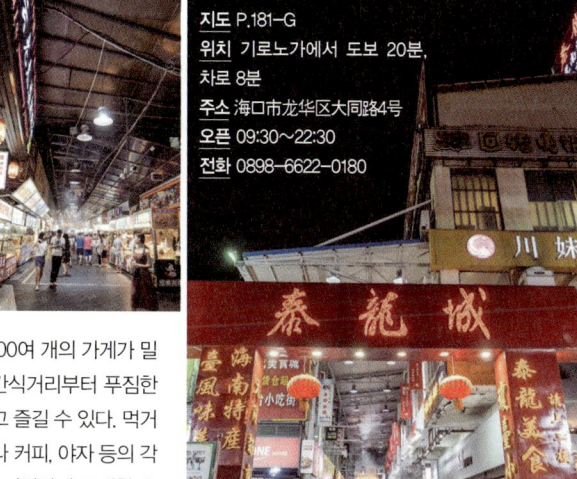

지도 P.181-G
위치 기로노가에서 도보 20분,
차로 8분
주소 海口市龙华区大同路4号
오픈 09:30~22:30
전화 0898-6622-0180

야시장을 구경하면서 길거리 음식을 먹어보는 것은 하이난에서 꼭 해봐야 할 버킷리스트. 태룡미식성은 하우커우에서 가장 큰 야시장으로 어둠이 짙어질수록 더욱 활기를 띤다. 이곳은 무려 100여 개의 가게가 밀집된 먹거리 시장으로, 간단한 간식거리부터 푸짐한 해산물 요리까지 다양하게 맛보고 즐길 수 있다. 먹거리뿐만 아니라 수공예 장식품이나 커피, 야자 등의 각종 과일까지 하이난의 특산품을 저렴하게 구매할 수도 있다. 이곳이 중국이라는 것을 말해주듯 양꼬치에 맥주 한 잔 시원하게 걸칠 수 있는 자유로운 분위기도 여행자를 들뜨게 한다.

| RESTAURANTS |

하이난미식문화박람성
海南美食文化 博覽城

가벼운 딤섬류에서 해산물 요리, 보신 요리까지 하이커우 사람들이 즐겨 먹는 현지 음식을 다양하게 맛볼 수 있는 유명한 식당이다. 오래된 식당임에도 내부 인테리어가 캐주얼하고 메뉴 또한 젊은이들의 취향에 맞춘 것이 많아 전 연령층의 사랑을 고루 받는다. 특히 하이커우 사람들은 오전에 가벼운 티를 즐겨 마시는데, 이곳은 차와 어울리는 딤섬류와 간식이 다양하다. 야자떡(椰丝糯米粑)에서 하이난펀, 칭부량까지 메뉴 구성이 다채롭다. 기루노가 입구에 위치해 관광객들이 들르기에도 편리하다.

지도 P.181-C
위치 기로노가 입구
주소 海口市美兰区长堤路水巷口骑楼集散广场1楼
오픈 09:00~22:00
요금 야자떡 20元, 면류 12元~, 단품류 20元~
전화 0898-6655-2882

`RESTAURANTS`

하이디라오
海底捞火锅 하이디라오

중국 전역에서 인기를 끌면서 최근 한국에도 진출한 훠궈 전문점. 북경 왕푸징에 본점이 있으며 중국인은 물론 한국인들 사이에도 두터운 마니아층이 있다. 취향에 따라 홍탕이나 백탕에 야채와 고기를 살짝 데쳐 먹을 수 있으며, 혀가 얼얼해지는 홍탕보다는 백탕이 한국인들의 입맛에 맞는 편이다. 기본적으로 신선한 야채와 고기가 제공되어 만족도가 높고 소스 종류도 다양해 다채롭게 즐기기 좋다. 늘 웨이팅이 긴 곳이라 예약 없이 가면 1시간 이상 기다릴 각오를 해야 한다. 서비스 또한 훌륭해 긴 대기 시간에도 불구하고 여러모로 만족스럽다. 24시간 운영하고 있어 언제든 들릴 수 있는 것도 장점.

지도 P.181-G
위치 기로노가에서 차로 10분
주소 海口市龙华区明珠路8号宜欣城4层D-15,16,17号 明珠路店
오픈 24시간
요금 1인 116元~
전화 0898-6568-1799

`RESTAURANTS`

기로소흘풍정가
骑楼小吃风情街 치로샤오츠펑칭지에

하이난의 특색 먹거리를 양껏 즐길 수 있는 스낵 타운이다. 기로노가에서 보았던 예스럽고 빈티지한 서양식 건물 안에 백화점 푸드코트처럼 다양한 음식점이 밀집되어 있다. 건물 중앙에 자리를 잡고 충전식 카드로 먹고 싶은 음식을 주문하고, 남은 금액은 다시 환불받는 시스템이다. 다른 음식거리 비해 깔끔하고 단정한 시설 때문에 여행자들이 선호한다. 기로노가에서 도보 20분, 태룡미식성과는 도보로 5분 거리에 위치해 연계해 둘러보기 좋다.

지도 P.181-G
위치 기로노가에서 도보 20분, 차로 8분
주소 海口市龙华区大同路2号
오픈 09:30~20:30
전화 0898-6622-0966, 0898-6622-0688

`RESTAURANTS`

해남대학 야시장
海南大学南门小吃一条街 하이난따쉐 샤오츠이티아오지에

어느 지역이나 대학교 주변은 물가가 저렴하고, 학생들로 인해 분위기가 흥겹다. 해남대학 후문에 위치한 이곳은 수십 개의 포장마차가 일렬로 늘어선 먹거리촌이다. 도심에 비해 저렴한 가격으로 현지 분위기를 느끼며 양꼬치, 굴구이, 망고조개볶음 등을 맛볼 수 있다. 노점 형태로 서서 즐기거나 작은 좌판에 옹기종기 앉아 현지 맥주를 곁들이며 어울려도 좋겠다.

지도 P.181-C
위치 해남대학 남문 앞, 해남대학병원 맞은편
주소 海口市美兰区海甸三西路海南大学南门附近
오픈 10:30~22:00
전화 188-8976-3281

STAYING

미션힐즈 리조트
Mission Hills Resort Haikou
판란후두지아지우디엔

온 가족을 위한 휴양의 메카, 가족여행에 최적화된 미션힐즈 리조트는 할머니, 할아버지는 아시아 최대의 천연 온천을, 아빠는 세계적인 클럽에서 골프를, 엄마는 럭셔리 스파를, 아이들은 넓찍하고 깨끗한 워터파크를 올인원으로 즐길 수 있는 종합 테마형 리조트이다. 탁 트인 자연 경관과 아시아 최고 수준의 스포츠·레저 시설을 보유하고 있으며, 특히 기네스북에 등재된 아시아 최대 규모의 '화산 미네랄 온천'으로 유명하다. 화산과 함께 분출된 온천수는 미네랄을 다량 함유하고 있어 건강에 매우 이롭다고 한다. 무려 168개의 탕에서 천연 온천수를 즐겨볼 수 있으며, 실내외에 다양한 시설을 갖춘 워터파크 또한 가족 여행객의 마음을 끈다. 미션힐즈 골드카드를 이용하면 세계적인 수준의 골프장을 스페셜 요금으로 이용할 수 있고, 평샤오강 영화사를 무제한 입장할 수 있다. 아이를 위한 주니어 골프 레슨, 차이니즈 랭귀지 스쿨 이용권도 함께 제공된다.

 Tip

미션힐즈 골프장

미션힐즈 리조트의 또 하나의 장점은 동양 최대 규모의 골프장을 보유하고 있다는 것. 총 180개의 홀을 갖춘 미션힐즈 골프장은 자연 훼손을 최소화하는 방식으로 설계되어 화산암이 그대로 보존된 환상적인 풍광 속에서 라운딩하는 호사를 안겨준다. 특히 최상급 잔디 '팜스파람(Paspalam)' 위에서 골프를 즐기는 기분이 마치 달나라에서 중력의 방해를 받지 않는 듯해서 '무중력 골프장'이라는 별명도 붙었다. 이런 조건 때문에 세계적인 골프 대회가 자주 열리는데, 우리나라의 박인비 선수도 2014년 이곳에서 열린 '월드 레이디스 챔피언십'의 우승컵을 거머쥐었다.

지도 P.181-K
위치 하이커우메이란국제공항에서 차로 20분
주소 海口市龙华区观澜湖大道1号 海口观澜湖度假酒店
요금 디럭스룸 8만9500원~, 그랜드 디럭스룸 12만3000원~
전화 0898-6868-3888

STAYING

쉐라톤 호텔 하이커우
Sheraton Haikou Hotel
씨라이덩원치엔두찌아지우디엔

도심 접근성이 좋고 홀리데이 비치가 가까워 여행자들이 선호하는 숙소. 호텔에서 바로 이어지는 전용 해변이 있으며 스노클링, 수상스키 같은 해양 액티비티를 즐기기도 편리하다. 화이트 톤으로 차분하게 꾸며진 객실은 고급 침구와 전신 욕조 등이 세심하게 마련되어 있다. 세계적인 체인답게 관리가 잘 되고 서비스 또한 안정적인 편이다. 마사지, 트리트먼트, 수치료 등의 서비스를 제공하는 스파와 풀사이드바, 마리나 등의 시설이 갖춰져 있다.

지도 P.180-A
위치 하이커우메이란국제공항에서 차로 40분, 하이커우 도심까지 차로 10분
주소 海口市秀英区滨海大道136号 喜来登温泉度假酒店
요금 가든뷰 8만 원~, 오션뷰 9만5000원~
전화 0898-6870-8164, 0898-6870-8888

STAYING

힐튼 하이커우
Hilton Haikou
하이커우씨얼둔지우디엔

2016년 3월에 오픈하여 깨끗하고 핫한 호텔. 하이커우시 중심에 위치해 교통이 편리하고 공원과 바다가 바로 앞에 있어 산책하기에 좋은 위치다. 호텔 건물이 249m의 높이로 시야를 압도하는데, 아닌 게 아니라 하이커우에서 가장 높은 랜드마크 타워란다. 406개의 객실이 보통 36~52층 사이에 위치하여 구름과 바다의 화려한 콜라보레이션을 감상할 수 있다. 하이커우의 전경을 한눈에 조망하는 호텔로 꼽히며, 휴양보다는 비즈니스 목적으로 하이커우에 방문할 때 편리하다는 평이 많다.

지도 P.181-G
위치 하이커우메이란국제공항에서 차로 42분
주소 海口市龙华区滨海大道109-9号 海口希尔顿酒店
요금 트윈룸 12만 원~, 트윈 디럭스 씨뷰 13만5000원~
전화 0898-3679-8888

STAYING

힐튼 메이란 하이커우
Hilton Haikou Meilan
루눙시얼둔지우디엔

하이커우의 동해안, 즉 메이란 지역에 위치하여 멋진 바다를 마주하는 리조트. 2014년 11월에 오픈했으며, 하이커우의 복잡한 도심을 벗어나 비교적 한적한 하이커우 바다를 즐기기에 좋다. 이곳의 큰 장점은 다양한 테마의 수영장이다. 해변과 수영장의 수면이 연결되는 듯한 착각이 이는 인피니티 풀을 비롯해 어린이 수영장, 모래사장까지 온종일 호텔 안에서 물놀이해도 지루하지 않을 정도다. 453개의 객실과 3개의 수영장, 6개의 레스토랑을 갖추고 있다. 시내와 공항까지 셔틀버스를 운행하고 있으며, 도심형 휴양을 즐기기에 좋은 조건이다.

지도 P.181-D
위치 하이커우메이란국제공항에서 차로 30분
주소 海口市美兰区琼山大道2号 海口鲁能希尔顿酒店
요금 트윈룸 7만4400원~, 그랜드씨뷰 9만3000원~
전화 0898-3639-8888

> STAYING

바나나 호스텔
Haikou Banana Hostel 빠나나구어지칭니엔뤼셔

바나나 콘셉트의 노란 담장집이라 골목에서 찾기가 어렵지 않다. 무엇보다 하이커우 메이란 지역의 관광 명소와의 접근성이 좋아 자유 여행자들이 많이 찾는 호스텔로, 주변에 기로노가, 해구종루 등 관광명소뿐 아니라 해남대학이 가까워 젊고 활기찬 분위기가 느껴진다. 8인실, 6인실, 싱글룸 등을 갖추고 있는데 룸이 깔끔하게 관리되고 있으며, 일일투어 및 다양한 여행 정보를 제공하고 있어 편리하다.

지도 P.181-C
위치 기로노가에서 차로 7분
주소 海口市美兰区海甸岛人民大道21号梨园小区6号别墅3-4栋 巴纳纳国际青年旅舍
요금 8인실 6000원~, 6인실 7400원~, 싱글룸 1만 7500원~, 트리플룸 2만7700원~
전화 0898-6628-6780

> STAYING

노스20 인터내셔널 유스호스텔
North20 International Youth Hostel
베이웨이얼스구어지칭니엔뤼셔

하이커우에 잠시 체류하는 여행객들이 선호하는 유스호스텔이다. 아담한 정원을 자랑하는 이곳은 다국적 친구들과 교류할 수 있도록 다양한 레크리에이션의 기회를 제공한다. 도심에서 단 2.5 km 거리에 있어 어디로든 쉽게 이동할 수 있는 좋은 위치에 있으며, 주변에 조식과 야식을 즐길 만한 식당가도 가깝다. 객실이 깔끔하게 유지되고 있으며, 전 객실에 무료 와이파이, 24시간 프런트 데스크를 운영하고 있어 자유 여행자들에게 좋은 점수를 받는다.

지도 P.181-C
위치 하이커우메이란국제공항에서 차로 40분, 기로노가에서 차로 12분
주소 海口市美兰区海甸五中路福海路福海花园18栋 北纬20国际青年旅舍
요금 6인실(혼성) 7400원~, 4인실 8000원~
전화 0898-6618-4115, 180-8985-3115

D-day 50 Travel Checkpoints
여행 계획 세우기

여행 스타일과 목적, 동반자에 따라 하이난 여행 계획이 달라질 수 있다. 휴양과 관광 중 무엇을 중점에 둘 것인지, 누구와 함께 떠날 것인지 등에 따라 자유 여행, 에어텔 여행, 패키지 여행을 선택할 수 있다.

여행 스타일 정하기

● **자유 여행**

항공권과 숙박은 물론, 모든 동선을 직접 선택하고 스스로 책임지는 여행. 홀로 여행하거나 도시 간 이동이 있는 장기 여행 등 본인이 원하는 대로 여행할 수 있다. 하이난의 경우 휴양지인 싼야뿐만 아니라 북부 도시 하이커우 등 타 도시로 이동하며 여행할 수도 있는데, 숙박비가 저렴한 편이라 장기 여행을 해보기에도 무리가 없다.

● **에어텔 여행**

'Airplane + Hotel'의 합성어인 에어텔은 항공권과 숙박이 포함된 상품이다. 정해진 항공과 숙박 외 시간은 마음대로 자유 여행을 즐길 수 있다. 항공 스케줄이 맞고, 원하는 호텔이 포함되어 있고, 가격도 합리적이라면 추천할 만하다. 각 여행사 홈페이지에서 다양한 에어텔 상품을 비교해 구매하면, 개인적으로 예약했을 때보다 저렴한 경우가 있다. 여행사를 통한 상품은 면비자의 혜택이 있으므로 더욱 편리하다.

● **패키지 여행**

여행사가 미리 짜놓은 일정에 따라 편하게 이동하고, 따로 호텔이나 항공권 등을 알아볼 필요가 없어 편리하다. 하이난은 관광보다는 리조트에서 휴양하는 데 중점을 두는 곳이라서 타이트한 일정보다는 여유로운 일정의 상품을 추천한다. 여행사를 통한 상품은 면비자의 혜택이 있어 더욱 편하게 준비할 수 있다. 특히 휴양형의 여행을 선호한다면 에어텔이나 자유 여행을 추천하고, 관광에 좀 더 비중을 둔다면 패키지 상품이 편리하다.

일정과 예산 짜기

하이난 싼야로 향하는 대부분의 패키지와 에어텔 상품은 3박 5일, 4박 6일의 일정이다. 새벽에 현지에 도착하고 밤 시간을 활용해 귀국하는 패턴이 대부분이고, 리조트에 머물며 관광지를 몇 곳만 골라 가는 형태의 여행을 많이 한다. 만약 남부의 싼야 이외에 다른 도시로의 여행을 원한다면 일주일 이상 기간을 잡는 것이 좋다. 한편, 하이난을 경유하여 중국 다른 도시로 이동할 경우 반드시 비자의 형태를 고려해서 여행을 계획해야 한다.

여행을 결정했다면 여행 동선에 맞는 대략적인 예산을 세워보자. 하이난은 우리나라에 비해 관광지 입장료가 다소 비싼 편이지만, 고급 호텔과 리조트의 가격이 저렴한 편이다. 중국의 춘절(설날) 기간은 하이난 내국민 최고의 성수기이기에 여행 가격이 다른 시기에 비해 비싸다는 것을 염두에 두자.

D-day 45 Travel Checkpoints
여권 만들기

여권은 해외에서도 자신의 국적과 신분을 확인하고 인정받을 수 있는 중요한 해외 신분증으로 해외 여행을 계획한다면 가장 먼저 여권을 만들어야 한다. 여권 유효 기간이 6개월 미만인 사람은 여권을 재발급받아야 한다.

여권의 종류

● 복수 여권
횟수에 제한 없이 여행할 수 있는 여권으로 5년, 혹은 10년의 유효기간 부여된다.

● 단수 여권
1회에 한하여 여행할 수 있는 여권. 출국했다가 한국으로 돌아오면 효력이 상실된다.

여권 발급 구비 서류

신분증(주민등록증, 운전면허증, 공무원증, 신분증, 유효한 여권), 여권용 컬러 사진 1매, 여권 발급 신청서 1매, 여권 인지대(복수 여권 1만 5000~5만 3000원, 단수 여권 2만 원)

알뜰 여권

48쪽이던 여권의 면수를 반으로 줄이고 수수료도 3000원 할인한 여권. 무비자 협정국이 늘어나며 비자를 붙이는 일이 줄어든 요즘, 웬만큼 해외여행이나 출장이 잦은 사람이 아니라면 이용할 만하다.

여권 발급처

전국 도청, 서울시청, 광역시청, 구청에 있는 여권과에서 신청하고 발급받을 수 있다. 여행 시즌에는 여권을 신청하려는 사람들이 많으므로 인터넷으로 방문 예약하고 가면 편리하다. 여권 발급 신청서도 출력할 수 있으므로 미리 작성해서 가져갈 수도 있다.

※ 여권 발급처 조회 및 여권 접수 예약
passport.mofat.go.kr

Tip 여권을 분실한 경우

해외여행 중 여권을 분실했다면 가까운 대사관, 또는 총영사관에 분실 신고를 하고 여행증명서나 단수여권을 발급받아야 한다. 하이난의 경우, 가까운 해외공관이 광저우에 위치해 멀리까지 이동하는 불편을 감수해야 한다. 또한 단체비자를 발급받은 경우, 단체 중 1명이 여권을 분실하면 단체 모두가 출국이 제한될 수 있으므로 여행 시 여권 관리가 매우 중요하다.

· 광저우 총영사관
영사콜센터(무료자동연결) 전화 00800-2100-0404, 당직 전화 139-2247-3457, 139-2247-3467

25~30세 병역 미필자의 여권

25~30세 병역 미필자의 경우에는 5년간 유효한 복수 여권과 단수 여권으로만 발급받을 수 있다. 또한 병무청에서 발행하는 국외 여행 허가서도 필요한데 현재는 인터넷으로도 간단하게 발급받을 수 있으며, 2일 정도 소요된다. 발급받은 서류는 여권 발급 신청 시 제출하면 된다. ※ 병무청 국외 여행 허가서 신청 www.mma.go.kr

Travel Checkpoints
항공권 예약하기

여행 날짜가 확정되었다면 항공권을 예약해야 한다. 항공권은 빨리 예약할수록 요금이 저렴하지만 변경이나 취소 시에는 수수료가 부과될 수 있으니 신중하게 날짜를 정하자.

하이난 항공권

하이난은 남부의 싼야와 북부의 하이커우에 국제공항이 있고, 우리나라 대다수의 항공편이 싼야로 취항한다. 고급 리조트와 해변, 그리고 볼거리, 즐길거리가 집중된 휴양 도시이기 때문. 특히 국내 저가항공사들이 싼야로의 직항을 늘려 인천, 부산, 대구에서 싼야로 가는 항공편이 많아졌다. 성수기 시즌에는 하이커우로 특별기가 운항되기도 한다.

● **직항 항공편**

우리나라의 인천, 부산, 무안공항에서 싼야봉황국제공항까지 다수의 항공편이 정기운항 중이다. 인천에서는 주 4회, 부산에서는 주 3회, 무안에서는 주 2회 운항하고 있어 자유로운 여행을 계획할 수 있다. 비행시간은 4시간 50분 정도 소요되며, 모두 밤에 출발해 새벽에 도착하는 일정이라 3박 5일에서 4박 6일 패턴의 여행을 할 수 있다.

● **경유 항공편**

자유여행의 경우 중국의 주변 도시 상하이, 광저우, 베이징, 홍콩 등을 경유하는 방법도 있다. 경유편을 활용해 2개 도시를 둘러볼 수 있다는 장점이 있다. 중국 남방항공이 하이난으로 향하는 가장 많은 경유편을 가지고 있는데, 광저우, 베이징 경유 시 환승 대기시간이 8시간 이상일 경우 숙박이 제공되고, 4시간 이상일 경우 라운지 이용이 무료라는 혜택이 있어 편리하다. 이외에도 중국 지역 항공사들과 캐세이퍼시픽 등이 베이징, 홍콩, 광저우, 상하이를 경유해 하이난으로 향한다. 단, 경유편을

한국 - 하이난 항공편 스케줄
(2020년 1월 기준)

출발지 · 도착지	항공사	출발일(일정)	출발 · 도착 시간	
			출발	도착
인천 – 싼야	제주항공(7C)	출발 : 월, 목, 금, 일(주 4회) 귀국 : 월, 화, 금, 토(주 4회)	인천 – 싼야(7C8601) 21:10~02:00	싼야 – 인천(7C8602) 03:00~08:05
인천 – 하이커우	제주항공(7C)	수요일(3박 5일) 토요일(4박 6일)	인천 – 하이커우(7C8607) 21:00~02:00	하이커우 – 인천(7C8608) 03:00~07:50
부산 – 싼야	에어부산(BX)	수요일(4박 6일) 목요일(3박 5일) 토요일(4박 6일, 5박 7일)	부산 – 싼야(BX737) 22:05~02:10	싼야 – 부산(BX734) 03:00~07:30
무안 – 싼야	제주항공(7C)	수요일(3박 5일) 토요일(4박 6일)	무안 – 싼야(7C8613) 22:40~02:20	싼야 – 무안(7C8614) 03:25~08:10

* 운항 스케줄은 항공사 사정에 따라 변경될 수 있으니 홈페이지 확인 필요

이용할 경우 도착비자나 면비자 혜택을 누릴 수 없다. 중국 비자를 보유하고 있는 경우라면 경유편을 이용하기 편리하다.

항공권 예약하기

항공권은 각 항공사 홈페이지(제주항공 www.jejuair.net, 티웨이항공 www.twayair.com, 에어부산 www.airbusan.com)를 통해 예약이 가능하다. 할인 항공권이나 특가 이벤트로 저렴한 항공권을 구입하려면 몇 달 전부터 각 항공사별 프로모션을 관심 있게 지켜보는 게 좋다. 항공권은 시기나 조건에 따라 가격이 시시각각 변하기 때문이다. 이륙 날짜가 촉박하다면 저렴하게 내놓는 땡처리 항공권을 노려볼 수도 있지만, 항공권 구매에 어려움이 있을 수 있으므로 최소한 한 달 전에는 구입해놓는 것이 좋다.

요즘에는 항공권 예약 사이트(스카이스캐너 www.skyscanner.co.kr)나 소셜커머스(쿠팡 www.coupang.com), 온라인 여행사(온라인투어 www.onlinetour.co.kr) 등을 통해 구매하는 이들도 많다. 같은 날짜, 같은 조건이라도 가격이 다르니 여러 웹사이트에서 가격 비교를 해본 후 구입하는 것이 좋다. 운이 좋으면 여행사가 확보한 좌석을 매우 저렴하게 구매할 수도 있다.

항공권 예약 시 주의할 점

항공권 예약 시에는 항공권의 유효 기간, 예약 변경 가능 여부, 환불 규정, 수하물 규정 등을 꼼꼼히 확인하자. 또한 예매 시 여권에 기재된 영문 이름과 항공권에 기재한 이름이 동일한지 반드시 확인해야 한다. 여권번호나 유효기간은 추후 수정이 가능하지만, 영문 이름은 변경 시 수수료를 지불하거나 아예 탑승이 불가할 수도 있으니 꼭 주의하자. 결제가 되면 바로 e-티켓을 출력할 수 있다. e-티켓은 프린트하거나 휴대폰으로 다운로드 해두자.

D-day 30 Travel Checkpoints
호텔·투어 예약하기

숙소를 예약할 때는 호텔 예약 사이트를 이용하는 게 편리하고 가격적인 면에서도 유리한 경우가 많다. 투어를 미리 예약하고 싶다면 현지 여행사를 통하는 것도 방법이다.

호텔 예약 사이트

● 아고다 www.agoda.com/ko-kr

고급 호텔을 예약할 때 유용한 사이트로 비회원도 이용 가능하다. 결제 시스템이 간편하고, 다양한 프로모션, 단독 특가상품을 선보이기도 한다. 예약 요금의 4~7%의 포인트를 적립 후 차후에 사용할 수 있는 혜택이 있어 유용하다.

● 씨트립 Ctrip www.ctrip.co.kr

중국 여행 시 매우 유용한 사이트이다. 중국 사이트지만 한국어 지원이 되기에 기차, 항공, 호텔 예약이 편리하다. 특히 중국 호텔에 관한 알찬 정보가 많아서 숙소 예약에 유용하다.

● 취날 去哪儿 Qunar www.qunar.com

취날과 씨트립은 중국 호텔 예약 사이트의 양대산맥과도 같다. 중국 내국인을 상대로 만든 사이트라 다양한 숙소를 좋은 가격에 예약할 수 있다. 한국어 지원이 되지 않고 중국 내 휴대폰 번호가 있어야 하며 유니온페, 알리페이, 위챗페이 같은 중국 내 카드만 결제 가능하다.

하이난 현지 여행사
(특가항공권, 프로모션 호텔, 에어텔, 현지투어)

- 굿모닝 하이난
  cafe.naver.com/single3
- 싼야포유
  sanya.co.kr
- 차이나스토리투어
  www.chinastorytour.com
- 헬로 하이난
  cafe.naver.com/hainan026305802

투어차이나

굿모닝 하이난

 Tip

호텔 예약 사이트 결제하기

숙소 비용은 예약 사이트에서 신용카드로 결제한다. 예약 조건, 할인율, 룸타입에 따른 가격이 다르므로 비교해서 결정한다. 선결제하는 경우 후결제에 비해 가격이 저렴하다. 취소 수수료가 없는 조건으로 결제하면 일주일 이전에 변경이나 취소하더라도 불이익이 없다. 결제 후에는 꼭 바우처를 프린트해서 보관하자. 체크인 시 바우처를 보여주고 룸타입을 확인한 후 보증금을 요구할 경우 현금 또는 카드로 결제한다. 룸 보증금은 대략 1박 요금 수준이며, 반드시 보증금 확인증을 체크아웃 시 제시해야 환불받을 수 있다.

D-day 20 Travel Checkpoints
여행 정보 수집하기

인터넷 상에는 가이드북에 미처 담지 못한 여행자의 따끈따끈한 현지 정보와 여행 후기가 있다. 특히 여행 카페에서 여행자들이 직접 경험한 최신 정보를 얻는 것은 큰 도움이 된다.

중국국가여유국 서울지국
www.visitchina.or.kr

한국의 문화체육관광부에 해당하는 중국의 여유국은 중국 각 지방의 관광 활성화를 위해 노력하기에 많은 여행 정보를 가지고 있다. 여행 관련 브로슈어, 지도 등을 구할 수 있고, 무료 가이드북을 다운받을 수 있어 꽤 유용하다.

헬로 하이난
cafe.naver.com/hainan026305802

하이난 현지 여행사들이 운영하는 카페에서는 다양한 여행 후기를 얻을 수 있는 것은 물론, 특가항공권, 에어텔, 일일투어 등을 예약할 수도 있다. 특히 현지 생활기나 맛집, 쇼핑, 엔터테인먼트 등의 생생한 후기가 유용하다.

싼야포유
sanya.co.kr

카페지기의 현지 생활기와 현지 맛집 소개 등 실제 여행에 도움이 되는 최신 정보가 많이 있다. 에어텔이나 일일투어 상품을 직접 예약할 수 있는 것도 유용하다.

블로그 · 인스타그램
#하이난 #Hainan #海南 #Sanya

최근 국내 저가항공사가 싼야로 속속 직항을 취항하면서 여행객들이 급속도로 늘고 있다. 덕분에 블로그나 인스타그램 정보 또한 크게 늘어 하이난 여행의 최신 트렌드를 읽는 데 도움이 된다.

D-day 10
Travel Checkpoints
비자 준비하기

하이난은 반드시 비자를 받아야 하는 중국 본토와 달리, 현지 공항에서 도착비자를 받거나 면비자의 혜택을 누릴 수 있다는 게 여행자들에게 매우 큰 장점이다. 하지만 자유여행의 경우, 공항에 도착해 발급받는 도착비자가 불안하다면 개인관광비자나 단체관광비자 중 하나를 준비하는 게 좋다. 패키지 상품이나 에어텔 등 여행사를 통한 경우에는 비자에 대해 특별히 신경 쓸 필요는 없다.

도착비자

싼야봉황국제공항에 도착 즉시 발급 신청을 할 수 있는 비자다. 도착하면 청사 바로 오른쪽에 위치한 도착비자 신청 사무실에서 발급서류를 작성한 후 여권을 제시하고 비용을 내면 발급받을 수 있다. 관광비자에 비해 발급비용이 저렴하지만, 신청 후 처리되는 속도가 다소 느린 편이다.
• 준비물 여권사진 1장(여권사진이 없을 경우 촬영비 200元), 비용 168元(2017년 6월 기준, 카드 불가), 호텔 바우처
※ 관용 여권과 주민번호 뒷자리가 125, 225, 325, 425로 시작되면 면비자 발급이 불가능하다.

도착비자 신청 사무실

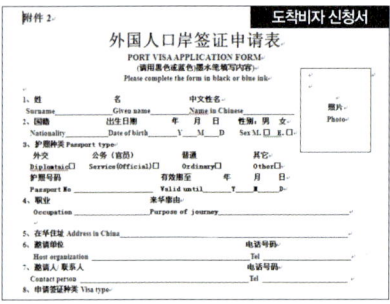
도착비자 신청서

면비자(비자 면제)

하이난은 여행객에게 편리한 면비자 제도를 운영하고 있다. 특히 2018년 5월부터 하이난 여행 시 비자를 면제해주는 국가가 26개국에서 59개국으로 확대되었으며, 체류 기간이 최대 15일에서 30일까지 연장되었다. 단, 면비자는 여행사 패키지나 에어텔 상품 등 여행사를 통해야만 신청이 가능하다. 별도의 발급 비용 없이 여행사가 대행하여 현지에 신청하기 때문에 여행자는 편리하고 가격 부담도 없다. 단, 면비자 신청 시 비행기를 경유하거나 하이난 이외의 도시로 여행하는 것은 불가능하다.

개인관광비자

개인적으로 중국을 여행할 때는 미리 주한중국대사관을 통해 목적과 신분에 맞는 비자를 신청하고 발급받아야 한다. 발급은 일주일 정도 소요되고, 휴일 등에 따라 변수가 있기에 2주 전에는 신청하는 것이 좋다. 주한중국 대사관에서 신청 가능하며, 중국비자신청서비스센터 또는 대행사를 통해서도 신청할 수 있다.
• 준비물 : 비자신청서, 여권, 신분증 사본, 중국호텔 예약확인서, 왕복항공권 또는 경유항공권

단체관광비자(별지비자)

2인 이상이 항공 스케줄, 숙박지 등 여행 일정이 동일할 때 신청할 수 있는 비자이다. 개인관광비자

발급은 직접 신청할 수 있지만, 단체관광비자는 한국이 아닌 중국 현지 공안국에 신청해 한국으로 특송 통관되어 발급되기 때문에 우리나라의 중국비자신청서비스센터에서 신청이 불가능하며, 대행사를 통해 간편하게 신청할 수 있다. 단체관광비자는 신청일로부터 14일 이내에 중국에 입국해야 하며, 비자 신청일로부터 28일 내에 중국에서 반드시 출국해야 하는 규정이 있다. 일반 비자는 여권에 비자를 붙이는 형태이지만, 단체관광비자는 A4용지 한 장에 동행인 모두가 기재되어 나오는 형태이다. 여행사에 따라 조금씩 다르지만 한화로 3만 5000~5만 원 정도의 비용으로 발급이 가능하다.

단체관광비자 발급 시 유의할 점

단체관광비자는 비교적 저렴한 비용과 간편한 방법으로 장점도 많지만, 주의할 점이 있다. 단체관광비자는 오타가 있으면 입·출국 거부될 수 있기에 비자를 받으면 반드시 기재된 여권 영문명, 여권 번호, 생년월일, 성별에 오타가 없는지 꼼꼼히 체크해야 한다. 단체관광비자는 여행 마지막 날까지 소지하고, 마지막 출국 시 원본을 출입국 심사대에 제출해야 한다. 단, 단체관광비자는 중국 정책에 따라 발급 가능 여부가 유동적일 때도 있으니 참고하자. 또 호텔이 아닌 곳에 숙박할 경우(민박, 지인의 자택), 24시간 안에 공안에 주숙(숙박) 신고를 해야 한다. 간혹 출국 시 주숙 미등록으로 인한 불이익으로 벌금이 있을 수 있다.

비자 발급 대행사

- 잇츠투어 전화 02-2613-7863
- 블루투어 전화 02-723-8822, 홈피 www.bluetour.co.kr/visa
- 굿모닝 하이난 홈피 cafe.naver.com/single3
- 싼야포유 홈피 sanya.co.kr

중국 비자 신청 서비스센터

서울(서울스퀘어)		서울(남산스퀘어)	
주소	서울시 중구 한강대로 416 서울스퀘어 6층	주소	서울시 중구 퇴계로 173 남산스퀘어 3층
전화	1670-1888	전화	02-750-7800
팩스	02-6260-8855	팩스	02-750-9696
홈피	www.visaforchina.org/SEL1_KO	홈피	www.visaforchina.org/SEL2_KO
부산		광주	
주소	부산시 해운대구 마린시티2로 38 해운대 아이파크 C1 5층	주소	광주시 북구 금남로 136 교보생명 누문동빌딩 7층
전화	1670-1888	전화	062-529-1810 062-606-8800
팩스	051-920-0877	팩스	062-529-1815
web	www.visaforchina.org/SEL1_KO	web	www.visaforchina.org/SEL1_KO

① 준비물 : 여권, 신분증 복사본, 여권용 사진 1매, 비자신청서, 호텔 바우처, 왕복항공권 또는 경유항공권
② 비자 접수 시간 : 월~금요일 09:00~16:00(토·일요일, 공휴일 휴무)
③ 급행비자(2일 소요) 접수 시간 : 09:00~11:30

Travel Checkpoints
면세점 쇼핑하기

해외여행을 나갈 때만 이용할 수 있는 것이 바로 면세점 쇼핑. 세금이 면제된 상품을 구입할 수 있는 면세점은 시중가보다 20~30% 낮은 가격에, 각종 할인 쿠폰 등이 적용되어 저렴하게 쇼핑할 수 있다.

면세점 종류

● 도심 면세점
시내에 위치한 면세점으로 직접 방문해서 쇼핑한다. 실물을 보면서 쇼핑할 수 있어 편리하다. 출국 당일 공항 면세점을 이용하는 것보다 한결 여유 있다. 대부분 영업 시간은 21:00까지.

● 온라인 면세점
온라인 면세점 쇼핑은 시간과 장소에 구애받지 않는 게 장점. 여행 준비에 쫓겨 시간이 부족한 여행자나 지방 거주 여행자에게 유리하다. 면세점 홈페이지에 회원 가입하면 곧바로 사용할 수 있는 할인 쿠폰도 따라온다. 면세점에 따라 출국 30~60일 전부터 구매 가능하며 온라인상에서 구입한 물건은 출국 시 공항 면세점 인도장에서 인도받으면 된다.

● 공항 면세점
출국 심사를 마치고 난 다음부터는 모두 공항 면세점 구역이다. 도심 면세점이나 온라인 면세점을 이용하지 못했다면 이곳에서 원하는 상품을 찾아보자. 그 자리에서 바로 구입하고 물품을 인도받을 수 있어 편하다.

> **Tip**
>
> ### 주요 면세점
>
> **• 동화면세점**
> 주소 서울시 종로구 세종로 광화문 빌딩 211 지하 1층
> 전화 02-399-3000
> 홈피 www.dutyfree24.com
>
> **• 롯데면세점(소공점)**
> 주소 서울시 중구 소공동 1 롯데백화점 본점 10층
> 전화 02-759-8360
> 홈피 www.lottedfs.com
>
> **• 신라면세점**
> 주소 서울시 중구 장충동 2가 202
> 전화 02-2230-3662
> 홈피 www.shilladfs.com
>
> **• 워커힐면세점**
> 주소 서울시 광진구 광장동 산21 워커힐 호텔
> 전화 02-450-6350
> 홈피 www.skdutyfree.com
>
> **• 롯데면세점(부산점)**
> 주소 부산시 부산진구 부전동 503-15 롯데백화점 부산점 7~8층
> 전화 051-810-3880
>
> **• 신라면세점(부산점)**
> 주소 부산시 해운대구 해운대해변로 296(중동)
> 전화 1577-0161

D-day 5
Travel Checkpoints
유용한 앱 다운받기

영어나 SNS, 구글맵 등이 잘 통하지 않는 중국에서는 다음의 앱들이 여행에 큰 도움을 준다. 미리 다운로드해 실행해보고 여행 시 든든하게 사용하자.

베터넷 Free VPN Proxy by Betternet

공산권 국가인 중국은 구글, 페이스북, 인스타그램 등 SNS 사용이 제한되어 있다. 중국에서 SNS 활동을 위해서는 여행 전 필수로 VPN 아이피 우회 앱을 깔아야 한다. 여행지 사진을 SNS를 통해 바로 공유하고 싶은 여행자들에게 매우 유용하다.

씨트립 Ctrip

중국의 호텔과 항공권, 기차표를 간편하고 저렴하게 예약할 수 있는 앱. 한국어 서비스를 제공하고 있어 매우 편리하다. 씨트립을 통해 원하는 구간의 기차 시간표나 매진 상황 등을 알 수 있어 도시 간 이동에도 유용하다.

고덕 지도 高德地圖 Ditu

중국에서는 구글맵을 사용하기 어렵기 때문에 매우 유용한 앱. 중국어로 검색해야 해서 다소 불편할 수 있지만, 몇 가지 단어만 알면 생각보다 편하게 지도를 볼 수 있다. 가고자 하는 경로를 미리 저장해두면 3D 지도와 내비게이션 등 디테일한 현지 정보를 제공해 중국에서 길을 찾을 때 유용하다. 뿐만 아니라 맛집 리뷰, 메뉴, 가격, 영업시간까지 세심하게 알려주고, 이밖에도 목적지 간 이동거리, 대중교통 정보, 이동시간, 택시 요금까지도 검색할 수 있다.

파파고 papago

영어가 잘 통하지 않는 중국에서 매우 유용한 번역 앱. 출시된 지 얼마 되지 않은 파파고는 한국어 대화를 중국어로 번역해주는 '1:1 대화모드'와 책, 간판, 제품 등에 쓰인 중국어를 휴대폰으로 찍어 번역하고자 하는 문구를 지정하면 번역 결과를 제공하는 '이미지 번역' 등의 기능이 있어 편리하다.

디디추싱 滴滴出行

중국의 카카오 택시라고 할 수 있는 앱. 영어 사용이 가능하며, 이동 경로에서 예상 요금까지 확인할 수 있다. 위챗페이나 알리페이 없이 해외에서 사용 가능한 신용카드로도 결제할 수 있다.

> **Tip**
> 잘못 불렀을 때 2분 안에 무료로 취소할 수 있다. 예약 기능을 이용하면 아침에 이동할 때 유용하다.

다종디엔핑 大众点评

중국 현지인이 소개하는 맛집 앱. 지역을 설정하면 가까운 식당, 메뉴 소개 및 평점까지 알 수 있어 근처 맛집을 찾는 데 유용하다. 인기순, 거리순, 맛평가순 및 이용자들이 직접 찍어 올린 사진들을 참고하여 근처 맛집들을 찾아볼 수 있다. 결제가 연동되면 다양한 할인의 혜택까지 있어 유용하다.

D-day 3
Travel Checkpoints
환전하기

하이난에서는 중국 화폐인 위엔화를 사용하며, 하이난 현지에서는 환전소를 거의 찾을 수 없으므로 필요한 만큼의 현금을 전액 환전해가는 게 좋겠다.

중국 화폐

100元, 50元, 10元, 5元, 1元(위안) 단위의 지폐와 1元(위안), 5角(자오), 1·2·5分(펀) 등의 동전을 사용한다. 환전은 100元 단위로 하면 현지에서 무리 없이 사용 가능하다. 100元은 대략 한화 1만7000원이다(2017년 10월 기준).

환전은 얼마나?

하이난은 관광객이 많이 찾는 휴양도시이기 때문에 물가가 저렴하진 않다. 특히 관광지 입장료가 비싼 편이지만, 대신 과일과 맥주, 숙박비는 저렴한 편이다. 숙박과 조식 서비스 등을 제외하고 하루 경비를 1인 200~300元로 잡으면 일반적인 수준에서 관광과 식사가 가능하다. 머무는 일정만큼 계산해서 적정한 액수를 환전하자.

신용카드 사용이 불편해요!

중국은 신용카드보다 알리페이, 위챗페이 등을 많이 사용한다. 호텔을 제외하고는 한국의 신용카드 사용이 거의 불가능하며, 유니온페이도 중국에서 사용이 가능한지 카드사에 확인해보는 것이 좋다. 장기여행을 계획할 경우, 알리페이나 위챗페이를 카드에 연동해 사용하면 편리하다.

반드시 한국에서 환전하기

하이난은 현지에서 환전소를 거의 찾을 수 없다. 씨티은행 지점이나 ATM기도 흔하게 찾아볼 수 없기에 필요한 만큼의 현금을 한국에서 환전해가는 것이 안전하다. 한국인이 많이 찾는 글로벌 브랜드 호텔에서는 한화 환전이 가능한 경우도 있지만, 시내 현지 호텔에서는 달러 환전도 쉽지 않기에 미리 환전해가는 게 마음 편하다. 출국 전의 우리나라 공항보다는 환전 수수료 우대가 좋은 주거래 은행이나 서울 명동, 부산 남포동 등의 합법적인 사설 환전소를 이용하는 편이 낫다.

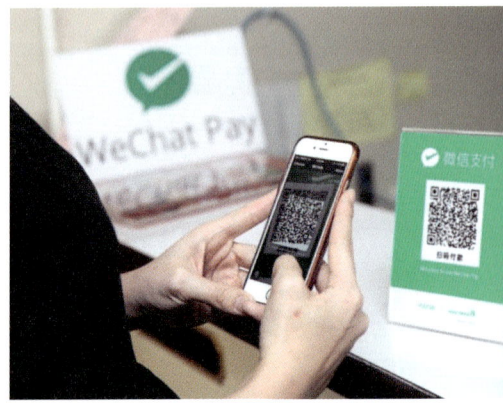

D-day 2
Travel Checkpoints
짐 꾸리기

이제 출국 전 마지막 단계인 짐 꾸리기. 아래 목록을 보고 빠진 것이 없는지 다시 한 번 확인하자.

종류	세부 항목	확인	비고
여권과 여행 경비	여권		● 여권 분실에 대비해 여권 사본과 여권 사진 2매를 반드시 준비한다. ● 비자 사본과 호텔 바우처도 꼭 챙겨두자.
	여권 사본과 여권 사진		
	항공권(항공권 사본)		
	여행 경비		
	신용카드		
	마일리지 적립 카드		
	여행자 보험		
의류	긴 바지		● 일교차와 과도한 냉방에 대비해 긴팔 상의 하나쯤 준비하자. ● 한낮의 뜨거운 햇살과 여름의 스콜성 비를 피하기 위해 양산이나 우산 하나쯤은 챙겨가는 것이 좋다.
	긴 소매 상의		
	반바지		
	반소매 상의		
	속옷		
	수영복		
	모자		
	선글라스		
	슬리퍼		
세면도구와 화장품	치약 & 칫솔		● 대부분의 호텔에 세면도구는 비치되어 있지만 저가 숙소에 묵거나 자신에게 맞는 브랜드가 따로 있다면 준비하자.
	비누 & 샤워 타올		
	샴푸 & 린스		
	면도기		
	빗		
	손톱깎이		
	화장품(선크림)		
	물티슈		
의약품	지사제		● 특히 노약자나 어린이를 동반했을 경우 음식이나 물로 인한 배탈에 대비해 소화제, 지사제를 꼭 준비하자.
	소화제		
	감기약		
	반창고		
카메라와 노트북	카메라		● 여행의 추억을 간직할 카메라와 여행 기간에 맞는 메모리, 충전기 등도 반드시 체크하자.
	카메라 액세서리		
	노트북		
기타	필기구		● 여행자에게는 친구나 다름없는 가이드북과 읽을 책도 챙기자. ● 젖은 빨래 등을 보관할 수 있는 지퍼락 등의 비닐백도 유용한 아이템이니 준비하자. ● 중국은 우리나라와 동일한 220v이지만, 플러그 모양이 다르므로 멀티 어댑터를 챙겨가자.
	가이드북		
	책		
	MP3		
	보조 가방		
	비닐백(지퍼락 등)		
	기호식품(고추장 등)		

Travel Checkpoints
출국하기

국제선에 탑승하기 위해 공항에 갈 때는 시간적 여유를 두고 일찍 출발하는 것이 좋다. 일반적으로 출발 2~3시간 전에 도착해야 공항에서 필요한 절차를 무리 없이 처리할 수 있다.

인천국제공항으로 가는 교통편

한국 최대의 공항인 인천국제공항으로 가는 가장 일반적인 방법은 공항버스나 공항철도를 이용하는 것이다. 공항버스는 서울과 수도권은 물론 전국 각지에서 연결되어 가장 많이 이용하는 이동 수단이다. 공항철도는 서울역과 지하철 1·2·4·5·6·9호선과 연결되어 편리하게 이동할 수 있다.

● 공항버스
가장 보편적으로 이용하는 교통수단으로 일반 공항 리무진버스부터 고급 리무진버스, 시내버스, 시외버스 등을 이용해 인천국제공항으로 갈 수 있다. 인천국제공항 홈페이지(www.iiac.co.kr/airport/traffic/bus/busList.iia)를 참고하면 지역별 버스 노선과 요금을 확인할 수 있다. 지방행 버스는 인터넷 예매(www.airportbus.or.kr)가 가능하니 미리 웹사이트를 통해 체크하자.

● 공항철도
비교적 저렴한 요금으로 지하철과 서울역을 연계해 이용하기 편리하다. 서울역에서 출발해 공덕, 홍대입구, 디지털미디어시티, 김포공항, 계양을 거쳐 인천국제공항까지 간다. 일반열차로는 약 53분, 직통열차로는 약 43분 소요된다. 아시아나항공·대한항공 이용객은 서울역에 위치한 도심공항터미널에서 탑승수속이 가능하다. 자세한 사항은 코레일 공항철도 홈페이지(www.arex.or.kr)를 확인하자.

● 승용차
이동 시 인천국제공항 고속도로를 이용하면 된다.

고속도로 통행 요금을 지불해야 하며, 자동차를 공항에 주차하려면 주차 비용을 내야 한다. 주차 관

 Tip

인천국제공항의 긴급 여권 발급 서비스

여권 재봉선이 분리되거나 신원 정보지가 이탈되는 등 여권의 자체 결함이 있거나 여권 사무 기관의 행정 착오로 여권이 잘못 발급된 사실을 출국 당시에 발견한 경우, 또는 국외의 가족 또는 친인척의 사건·사고로 긴급히 출국해야 하거나 기타 인도적·사업적 사유가 인정되는 경우에는 긴급 여권 발급 서비스를 이용할 수 있다.
여권 발급 신청서와 신분증, 여권용 사진 2매, 최근 여권, 신청 사유서, 당일 항공권, 긴급성 증빙서류, 수수료 등의 제출서류가 필요하다. 1년 유효기간의 긴급 단수 여권이 발급되며 발급 시간은 1시간 30분 정도 소요.
· 외교부의 인천국제공항 영사 민원 서비스 센터
위치 인천국제공항 3층 출국장 F카운터 쪽
오픈 09:00~18:00, 법정 공휴일 휴무
전화 032-740-2777~8

김해국제공항·대구국제공항

인천국제공항 외에도 김해국제공항과 대구국제공항에서 하이난까지 닿는 직항 항공편을 이용할 수 있다. 김해국제공항까지는 해운대의 각 특급 호텔이나 부산역, 연안여객터미널 등에서 공항 리무진을 이용할 수 있고, 대저역(3호선)이나 사상역(2호선)에서 공항역으로 가는 경전철을 이용해도 좋다. 대구국제공항까지는 구미에서 출발하는 리무진 버스를 이용할 수 있다.

련 요금은 인천국제공항 홈페이지(www.airport.kr)를 참고하면 된다.

출국 절차

> 인천국제공항 도착 ➡ 카운터 확인 ➡ 탑승 수속 (짐 부치기) ➡ 세관 신고 ➡ 보안 검색 ➡ 출국 심사 ➡ 면세 구역 ➡ 비행기 탑승

● 카운터 확인

출발 층에 도착하면 먼저 운항 정보 안내 모니터에서 탑승할 항공사명을 확인한다. 항공사별로 알파벳으로 구분된 탑승 수속 카운터(A~M)를 확인하고 해당 카운터로 이동해 탑승 수속을 하면 된다.

● 탑승 수속(짐 부치기)

카운터에서 여권과 예약 항공권(혹은 전자 티켓)을 제시하면 탑승 게이트와 좌석이 적혀 있는 탑승권(보딩 패스 Boarding Pass)을 받는다. 예약 항공권(혹은 전자 티켓)은 귀국편 수속에도 사용하니 잘 보관해야 한다. 짐을 부치고 나면 수하물 증명서(배기지 클레임 태그 Baggage Claim Tag)를 받는다. 만일 짐이 없어졌을 때 유일한 단서가 되니 짐을 찾을 때까지 잘 보관하자.

● 세관 신고

미화 1만 달러 이상을 소지하고 있다면 출국하기 전 세관 외환 신고대에 신고하는 것이 원칙이다. 여행 시 사용하고 다시 가져올 고가품을 소지하고 있다면 '휴대 물품 반출 신고(확인)서'를 받아두는 것이 안전하다. 세관 신고할 물품이 없으면 곧장 국제선 출국장으로 이동한다.

● 보안 검색

가까운 국제선 출국장으로 들어가 보안 검색을 받는다. 이때 여권과 탑승권을 제시해야 하며 검색대를 통과할 때는 모자를 벗고 주머니를 모두 비우고 가방 등을 엑스레이로 투시하며 통과하게 된다. 화장품이나 음료수 등의 액체나 젤, 칼 등의 물품은 압수당할 수 있으니 주의해야 한다.

● 출국 심사

보안 검색대를 통과하면 바로 출입국 심사대가 나온다. 여권과 탑승권을 제시하고 출국 심사를 받고 통과하면 된다.

● 면세 구역

출국 심사가 끝나 여권에 도장을 받으면 형식적으로는 한국을 떠난 셈이 되며 세금을 내지 않고 쇼핑할 수 있는 면세 구역에 들어서게 된다. 한국에 들어올 때는 이용하지 못하는 면세점이니 필요한 물건은 여기서 사두자. 또 시내 면세점이나 인터넷 면세점을 통해 구입한 물건이 있다면 면세 구역 내의 면세점 인도장에서 전달받는다.

● 비행기 탑승

항공기가 대기하는 탑승구(Gate)에 적어도 출발 시간 30분 전까지 도착해야 한다. 특히 외국 항공사를 이용한다면 셔틀 트레인을 타고 이동해 별도의 청사에서 보딩하기 때문에 게이트까지 이동 시간을 여유 있게 잡아야 한다.

> **Tip**
>
> **여행자보험 가입 팁**
>
> 인천국제공항의 여행자보험 창구에서 즉시 가입할 수 있지만 비슷한 보장 조건에 비해 가격이 다소 비싼 편. 출발 당일 온라인을 통해 간편하게 가입할 수 있는 상품도 있으니 살펴보자. 환전 시 이벤트로 제공되는 무료 여행자 보험 또한 유용하게 사용할 수 있다. 여행 중 휴대품 도난 시에는 현지 경찰서에서 도난신고서(Police Report)를 작성해 제출해야 하며, 병원 치료를 받았을 경우에는 진단서와 영수증을 챙겨야 귀국 후 여행자보험에 따른 보상을 받을 수 있다. 파손의 경우 함께 있었던 주변인의 확인서가 필요하다.
>
> • 여행자보험 전문 중개 사이트
> 트래블로버 홈피 http://www.travelover.co.kr

하이난에서 통하는
중국어 여행 회화

기본 회화

- 안녕(만났을 때) : 你好 nǐhǎo 니하오
- 안녕(헤어질 때) : 再见 zàijiàn 짜이찌엔
- 실례합니다 : 请问 qǐngwèn 칭원
- 있다 : 有 yǒu 요우
- 없다 : 没有 méiyǒu 메이요우
- ~있어요, 없어요? : 有没有~
  yǒu méi yǒu 요우메이요우
- 알아 듣지 못하겠어요 : 听不懂
  tīngbùdǒng 팅부동
- 모르겠어요 : 不知道 bùzhīdào 부쯔따오
- 천천히 말해주세요 : 请慢点说
  qǐng màndiǎnshuō 칭만디엔슈어
- 감사합니다(고맙습니다) : 谢谢
  xiè xiè 씨에씨에
- 미안합니다 : 对不起 duìbùqǐ 뚜이붙이
- 죄송합니다 : 不好意思
  bùhǎoyìsī 부하오이스
- 천만에요 : 不客气
  bùkèqi 부커치,
  不用谢 bùyòngxiè 부용시에
- 괜찮아요 : 没关系 méiguānxì 메이관시

공항 · 호텔

- 공항 : 机场 jīchǎng 지창
- 여권 : 护照 hùzhào 후자오
- 비자 : 签证 qiānzhèng 치엔 쩡
- 비행기 티켓 : 飞机票
  fēijīpiào 페이지 피아오
- 탑승권 : 登机牌 dēngjīpái 떵지파이
- 탑승구 : 登机口 dēngjīkǒu 떵지커우
- 항공편 : 航班号 hángbānhào 항반호우
- 환전 : 换钱 huànqián 환치엔
- 체크인 : 入住登记
  rùzhùdēngjì 루 주 덩지
- 체크아웃 : 退房 tuìfáng 투이 팡
- 보증금/디파짓 : 押金 yājīn 아진
- 셔틀버스 운행하나요? 班车运行吗
  bānchēyùnxíngma? 반처윈싱마?
- 와이파이 비밀번호는? Wi-Fi密码?
  Wi-Fi mìmǎ? 와이파이 미마?
- 짐을 보관해 주세요 :
  请给我保管一下行李
  qǐng, gěiwǒbǎoguǎnyīxiàxínglǐ
  칭게이워바오관이시아싱리

식당에서

- 메뉴판 菜单 càidān 차이단
- 향채 넣지 말아주세요 请不要放香菜
  qǐng bùyàofàngxiāngcài 칭부야오팡시앙차이
- 맵다 辣 là 라
- 짜다 咸 xián 시엔
- 탕 汤 tāng 탕
- 쌀밥 米饭 mǐfàn 미판
- 교자(물만두) 饺子 jiǎozǐ 지아오즈
- 만두(찐빵) 包子 bāozǐ 빠오즈
- 음료 饮料 yǐn liào 인리아오
- 물 水 shuǐ 수이
- 커피 咖啡 kāfēi 카페이
- 콜라 可乐 kělè 크얼러
- 맥주 啤酒 píjiǔ 피지우

관광·교통

- ~ 어디예요? ~在哪里?
  ~zàinǎlǐ? ~짜이나리?
- ~ 은 어떻게 가나요? ~怎么走？
  ~zěnmezǒu？ ~쩐머조우?
- 여기로 가주세요. 请到这里.
  qǐngdàozhèlǐ 칭따오져리.
- 버스 公共汽车 gōnggòngqìchē 꽁공치처
- 고속철도 高速铁路
  gāosùtiělù 까오슈티에루
- 기차 火车 huǒchē 훠처
- 택시 出租车 chūzūchē 추쭈처
- 지하철역 地铁站 dìtiězhàn 띠티에짠
- 공항 机场 jīchǎng 지창
- 시장 超市 chāoshì 차오시
- 상점 商店 shāngdiàn 상디엔
- 맥도널드 麦当劳 màidāngláo 마이당라오
- KFC 肯德基 kěndéjī 컨더지
- 스타벅스 星巴克 xīngbākè 싱빠크어
- 동서남북 : 东 dōng 동 /西 xī 시 /
  南 nán 난 /北 běi 베이
- 사진 찍어주시겠어요? : 能帮我拍照吗？
  néngbāngwǒpāizhàoma? 닝방게이워자오?
- 한 번 더 찍어주세요 : 请再来拍一次
  qǐngzàiláipāiyīcì 칭짜이라이바이이츠
- 화장실 洗手间(卫生间)
  xǐshǒujiān(wèishēngjiān)
  시쇼우지엔(웨이성지엔)
- 휴지 卫生纸 wèishēngzhǐ 웨이셩쯔

- 맛있다 很好吃 hěnhǎochī 헌하오츠
- 전부 얼마예요? 一共多少钱？
  yīgòng duōshǎoqián 이공 뚜어샤오치엔?
- 포장해주세요 我要打包
  wǒyàodǎbāo 워야오다바오
- 계산서 买单 mǎidān 마이단

쇼핑

- 이것 /저것 : 这个 /那个
  zhègè/nàgè 져거 /나거
- 얼마예요? : 多少钱？
  duōshǎoqián 뚜어샤오치엔?
- 입어봐도 될까요? 可以试一试吗？
  kěyǐ shìyīshìma 커이 스이스마?
- 너무 비싸요 : 太贵了 tàiguìle 타이꾸이러.
- 좀 깎아주세요 : 便宜一点吧
  piányiyīdiǎnbā 피에니 디엔바!
- 할인 打折 dǎzhé 따져
- 안 돼요 : 不行 bùxíng 부씽

손가락으로 숫자를 세는 방식

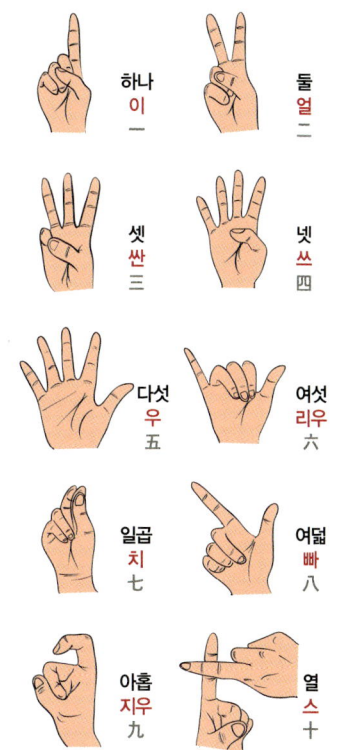

INDEX

SIGHTSEEING

108 해수관음상	92
관해정	104
금옥관세음	92
기로노가	182
남산사	91
남산풍경구	90
남천일주	94
녹회두 공원	104
녹회두 동상	105
녹회두 슬라이드	105
대동해	18
대동해 해수욕장	106
대소동천	96
동물원·워터파크	103
로맨스파크 천고정	102
문화장랑	95
백화구 광장	149
봉황도	100
분계주도	161
빈랑고운 공연	153
빈랑구	152
빈랑구 린넨박물관	153
빈랑구 소수민족마을	154
빈랑구 집라인	155
서도	97
소수민족거리	103
수상가옥촌	158
싼야베이	18, 98
싼야베이 유람선	106
애정석	95
야노다우림공원	159
야롱베이	18, 148
열대천당삼림공원	148
열대천당삼림공원 구름다리	150
열대천당삼림공원 전망대	150
오공사	184
오지주도	160
원숭이감옥	157
원숭이섬	156
원숭이쇼	157
인상 해남도	185
주강남전 온천	161
천고정 송성가무쇼	102
천애해각	94
청수만	19
테디베어 박물관	186
펑샤오강 영화사	187
하이탕베이	19
해구종루	184
홀리데이비치	185
화산구 지질공원	186
황소섬	97

SHOPPING

CDF 면세점	162
과일시장	112
대동해 대형마트	113
미니소	109
백화구	164
센트레빌	188
썸머몰	112
왕하오마트	109
제일시장	110
파인애플몰	113
푸싱지에	108
해남특산품점	109

FOOD · RESTAURANTS

1898카페	127
58도씨	115
경전내다	41
광화문	188
금매원	119
기로소흘풍정가	190
남국야자닭	117
도전자	41
돌핀	123
동북교자관	124
동북왕	128
동해용궁	125
두로방	114
려매매 식당	121
로즈애플	38
룡상해선	121
마마수	127
망고	38
모가반점	168
미니 파인애플	38
바나나	39
바오루펀	34
반산반도 미식광장	126
복관해선주루	167
봉황도 리조트 디너 바비큐 뷔페	101
봉황도 스카이라운지 루프탑바	100
빈랑구 소수민족식당(려묘풍미식당)	155
뽀로펀	36
산란주	40
신서면식점	165
수상가옥식당	159
수제맥주공장	122
숙연헌	167
아지센라멘	166
야도녹귀주	41
야수패	41
야어당	118
야자	38

야자닭	35		하이난펀	34
야자주	40		하이디라오	190
어주	116		하이디라오 야롱베이점	166
예즈판	36		한라산	166
용과	39		해남대학 야시장	190
용안	39		해남래바	119
원창닭	34		해마주	41
유유내다	41		해방로 미식성	116
이콸토우푸	128		해아식당	118
익룽 해경어촌	120		허니문디저트	115
장량마라탕	125		홍태양	120
장묘묘 식당	123		희희다찬청	114
장자고어	127			
잭푸르츠	39			
제이슨 맥주광장	122			
진운로태파단단면	119			
차오삥	36		**NIGHTLIFE · SPA**	
채식식당 연기루	93			
촉향원	165		88 클럽	129
충칭반점	124		만다린 더 스파	130
충칭훠궈집	123		반얀트리 스파	130
칭부량	35		복기반산반도	131
칭부량(음료)	41		소호	129
타이망고	115		시대해안 클럽거리	129
태룽미식성	189		티엔잉	131
태이	126		푸쵸우 마사지	131
푸싱지에 미식성	117			
하이난 맥주	40			
하이난미식문화박람성	189			

STAYING

BFA 호텔	30
MGM 그랜드 싼야	170
노스20 인터내셔널 유스호스텔	193
더 웨스틴 블루베이	29, 177
더블트리 힐튼 칠선령	29
더블트리 힐튼 하이탕베이	174
라오반장 게스트하우스	143
래플스	28, 176
르네상스 리조트	173
리츠칼튼 야롱베이	169
만다린 오리엔탈 리조트	29, 137
맹그로브트리 리조트	28, 135
메리어트 대동해	138
미션힐즈 리조트	30, 191
바나나 호스텔	193
반얀트리 싼야	140
베리 부티크 씨뷰 호텔	141
봉황도 리조트(피닉스 아일랜드 리조트)	29, 136
뷰티크라운 그랜드트리 호텔	134
블루스카이 게스트하우스	142
선샤인 인터내셔널 유스호스텔	143
소피텔 리만 리조트	175
쉐라톤 야롱베이	171
쉐라톤 하이탕베이	174
쉐라톤 호텔 하이커우	192
아틀란티스 싼야	28, 173
오션 소닉 리조트	134
오토그래프 콜렉션	28, 139
완다비스타 리조트 싼야	175
윈덤 호텔	132
인타임 리조트	140
인터컨티넨탈 싼야 리조트	138
크라운 플라자 호텔	137
클럽메드 싼야	132
파라다이스 버즈네스트 리조트	151
파크하얏트 써니베이	169
풀만 리조트	133
하만 호텔	141
홀리데이 인 야롱베이	172
홀리데이 인 청수만	176
화유리조트 야롱베이	172
힐튼 메이란 하이커우	192
힐튼 야롱베이	171
힐튼 하이커우	192

하이난 100배 즐기기

개정 1판 1쇄 인쇄 2020년 1월 17일
개정 1판 1쇄 발행 2020년 1월 28일

지은이 이은영

발행인 양원석 **편집장** 고현진 **책임편집** 고현진
디자인 이경민 **영업마케팅** 윤우성, 김유정, 유가형, 박소정

펴낸 곳 (주)알에이치코리아
주소 서울시 금천구 가산디지털2로 53, 20층(가산동, 한라시그마밸리)
편집 문의 02-6443-8891 **도서 문의** 02-6443-8800
홈페이지 http://rhk.co.kr
등록 2004년 1월 15일 제2-3726호

ISBN 978-89-255-6871-3(13980)

※ 이 책은 (주)알에이치코리아가 저작권자와의 계약에 따라 발행한 것이므로
   본사의 서면 허락 없이는 어떠한 형태나 수단으로도 이 책의 내용을 이용하지 못합니다.
※ 잘못된 책은 구입하신 서점에서 바꾸어 드립니다.
※ 책값은 뒤표지에 있습니다.